사랑은 이렇게 왔다 간다

사랑은 이렇게 왔다 간다

권용욱 산문집

詩와에세이

작가의 말

 이럴 때 저럴 때 쓴 글들을 모아 책으로 엮어내고 싶었다. 많은 당위(當爲)를 내친 자리가 허전했을 수도 있고, 계절에 자꾸 스러지는 나만의 글마당을 찰칵 찍어 담아두려는 욕심이기도 하다. 수필을 썼는데 수필이 아니라고 한들 어떠랴. 시를 썼는데 시가 아니라고 한들 어떠랴. 집을 지었는데 집이 아니라고 사람들이 놀려도 내 집은 그 정도라서 오히려 부담 없이 사는 것처럼.

 글쓰기는 여전히 갈피를 못 잡고 있다. 그렇다고 검증 없는 글을 써 놓고 시다, 수필이다, 우길 깜냥을 세우고 싶지도 않다. 그래도 혼자 빙긋이 웃는 것은, 이러한 자기 검열마저도 요새 들어 점점 자기 타협으로 허물어지는데, 마침내, 시도 아닌 수필도 아닌, 시 비스무리 수필 비스무리, 운문과 산문을 잇던 예전의 부(賦)처럼, '시필(詩筆. pomesay)'이라 혼자 이름 짓고, 내 나름의 글을 쓰고 만다.

 독자들이여, 시필을 너그러이 입양해달라!

2024년 여름, 악양의 사소한가(思消閑家)에서
권용욱

작가의 말 · 05

제1부
사는 이야기

사랑은 이렇게 왔다 간다 · 13
알룩아, 너를 · 17
삼순이 · 22
묵정밭에서 · 26
음지 사이비 · 30
측상(廁上) · 34
염신불구무병(念身不求無病) · 37
귀요우 전상서(前上書) · 41
나는 새우깡이다 · 45
민들레 · 49
선덕여왕릉 · 52
넌―센스 or 난―센스 · 56
도리천 인출기 · 62
다시 『자본』을 읽자 · 66

제2부
K 이야기

그를 만난 날 · 73

설치류 · 78

식물의 시간 · 83

겨울을 모르는 나무 · 88

벚꽃 순례 · 93

화려한 교육 · 98

이앙(移秧) · 103

무거운 계절 · 108

편들지 못한 저녁 · 113

천우충(天牛蟲) · 118

낯선 아버지 · 123

행복한 노예 · 128

제3부
학교 이야기

층층청춘 · 135
위대(?)한 하루 · 140
개구리와 올챙이 · 146
오월의 선생님께 · 150
아직은 동사의 계절 · 154

제4부
시 이야기

작은 것 · 161
망덕포구에서 · 163
고향에 남은 사랑 · 166
여기가 숲이라서 · 169
낮아지는 오월 · 172
늙은 호박처럼 · 175
빨랫줄 걸린 집 · 178
늦게나마 · 181
부정하고 또 부정하며 · 183
무상하여 충일하게 · 186
아니, 거꾸로다 · 189
가끔 통화하자 · 194

제1부
사는 이야기

사랑은 이렇게 왔다 간다

비가 간밤을 가느닿게 비질했다. 오래 기다렸다. 나보다 먼저 깬 창문이 설핏설핏 마당을 더듬는다. 처마 아래 꽃댕강이 발목을 오들거리고, 반가운 건지 어색한 건지 외다리 금낭화는 머리를 들지 못한다. 수혈 마친 작약이 마지막 한 방울을 입술에 핥고, 방충망 구멍보다 작은 새소리는 젖지도 않은 채 들락거린다.

어쩌다 이런 날인데,
두 번 생각기 전에 박차고 일어난다.
단김에 뽑은 뿔처럼 살자!

삼순이 앞장서고, 청학사 가는 새벽 에스컬레이터에 오른다. 사월의 붓질이 내 거무튀튀한 옷섶을 수채화 속에 선뜻 그려 넣는다. 그래서 나는 「아바타」의 '나비족'이 되고, 어제 없던 고사리가 찰진 흙발 딛고 요추를 늘이고, 어느새 목련 꽃잎은 얼굴을 염하고 조용히 눕는다. 나는 어떻게 여기로 와서, 비 지나간 풍경에 눅진해지고 있을까. 구름이 비 되기도 이리 꾸물대었는데, 나는 너무 쉽게 도시를 양보한 거 아닐까.

 마음인지 기억인지 어느 한구석에 들앉은 나를 불러내 주물러보는 버릇도 이미 벽 앞에 닿았다. 도시의 붉고 푸른 신호등 전제(專制)가 없어 좋지만, 내 발로 알아서 가라 해도 여전히 멀리 갈 줄 모른다. 이해하기 어렵던 그곳 사람들의 언행들이 오감 근처에 얼쩡대지 않아 수월하지만, 잠든 머릿속에 꿈으로 남아 있다. 내비도 없이 이리 쉽게 다른 길을 달려도 되나 몰라. 예행 없이 나도 이젠 자율 주행이 가능한가. 세월이야 어디로 향하든 운전대에 손 떼고, 집 옆 묵정밭 호작질로 놀아도 유구한 흙이 남은 시간을 용서할까.

 삼순이의 오르막 엉덩이가 삐죽거린다. 도화지 가득 들어찬 푸나무들의 냄새가 물감보다 진하다. 하늘빛은 새소리보다 멀고, 냉수처럼 선명한 내 눈길. 색이 가장 색일 때가 이때다. 지루한 푸른색으로 가기 전날의 강보의 연두 아기들. 겨울의 무채색을 다시 물들이는 순정의 살결들. 이 틈을 비집고 끼어드는 나의 속셈은 무엇일까. 더 멀어지기 전에 나도 돌아오고 싶은 것일까. 길가에 주저앉아 수억 년 먼 산 지켜보는 바위의 등에 햇살이 휜다.

나무들도 염량주의자다. 덥고 추움을 잽싸게 눈치 긁어 싹 돋울 때와 잎 내릴 때를 알아서 잘 긴다. TV 속 여느 사람들처럼 이들도 햇빛의 줄을 타고 오른다. 그곳에서 살을 얻고 꽃을 팔고 씨를 챙긴다. 그래서 스스로 낮게 자라는 나무는 없다. 천부(天賦)의 기회가 닿지 않아 낮아진 것일 뿐, 나무는 나무끼리 딛고 높아진다. 땀 흘리는 나그네의 어깨 위 그늘 보시도 나무의 계획이 아니다. 그늘을 밟고 공중으로 뜨기 위한 나무의 수작일 뿐, 이놈 저놈 모조리 보신의 정치만 살아남는다.

나는 이제 어쩔 것인가, 몸을 쪼그려 살핀다. 바람이 우듬지에만 있는 게 아니구나. 나무 아래 풀을 흔드는 낮은 바람, 내 발에 밟혀 허리 접힌 바람을 본다. 구부정하고 어정쩡한 바람에 손을 담근다. 바람을 핑계로 내 손을 느끼려 해보지만, 집 나간 감성은 길을 잃고 돌아올 줄 모른다. 어쩌면 처음부터 내 안은 불구의 땅, 비가 와도 물이 스밀 해면(海綿)의 틈이 없는 불모의 땅이라면, 이거 참 야단이다. 그 흔한 염량의 외투도 맞지 않아 빼돌린 이 몸뚱어리를 어찌 마무리할까.

에라 모르겠다 구겨버리자. 알고 싶어도 어디로 가는지 알 수 없는데 무겁게 힘—들지 말고 느른하게 살자. 한 줌 새 그림자도 안되는 세상을 읽기엔 내 시냅스는 여전히 느리고 내 관절은 게으르다. 꽃이 지든 단풍이 들든 나는 이미 낮은 그늘에 들어앉았음을 인정하자. 무엇도 비축하지 않고 살아온 나, 내가 눈을 뜨면 아침이고, 내가 밭에 심은 것이 작물이고, 내가 부르는 노래가 세상에 유일하다. 떫어도 어쩔 수 없다. 누구 말처럼 가난한 귀족이 되어, 남쪽 마루에 남은 햇살의 이자만으로 부자가 되자.

그래 삼순아, 집으로 가자. 이제는 내리막길, 남은 아침에 속부터 채우자

알룩아, 너를

너에게 편지를 쓰고 싶었다. 아무도 남아 있지 않은 여기 시골집에 올 때마다 네게 진 빚이 감광지에 눅어 마당 구석마다 번득거린다. 시간은 흘러도 그 필름에 박힌 장면들은 내 눈길 닿는 곳마다 다시 상영된다. 네가 주인공인 곳이 여럿이다. 두말없이, 그립다.

너를 처음 만난 날. 겨우내 지하 창고에서 잠든 끝물 사과를 한 경운기 내다 판 날이었다. 경매장 올 때는 늘 그랬던 것처럼 어머니와 나는 골목 청과물시장 어귀에서 붕어빵을 사 먹었다. 그때 우리는 너의 '부름'을 들었다. 봄볕에 비게질하며 네 삼 형제가 망태기 안에서 오들거리고 있었다. 어미 품이 그리워 들엉긴 모습에 어머니가 대뜸 삼천 원을 주고 너를 데려왔다.

익은 보릿결 같은 무늬가 둘러 있어 어머니는 너를 '알룩이'라

불렀다. 안골 외딴뜸이라 어머니는 말벗이 필요했었나 보다. 아들 자식 하나 있는 거 대처에 나가 살고, 지난 늦가을 먼저 가버린 아버지를 원망할 수도 없으니, 너는 그 빈자리를 채워야 할 큰 몫을 안고 우리 집에 왔다. 아버지가 해바라기 참에 담배를 피우던 사랑방 댓돌 옆, 너의 방은 내가 만든 거였다. 굴뚝이 옆구리에 붙어 푸근하고 남향이라 축추근하지 않았기로.

너는 잘 자랐다. 토요일마다 고향 집에 와보면 너는 계단처럼 키가 달라져 있었다. 너는 어머니를 잘 따랐다. 되똥거리며 걷고부터 너는 어머니의 늦둥이였다. 달빛이 마당에 흥건하여 어쩌다 박쥐 그림자가 퍼덕이면 너는 놀란 앙살로 어머니의 등걸잠을 깨우곤 했다. 낮은 아궁이 솔가리의 파란 불길로 네가 달려들면 괜스레 부엌 바닥만 어머니의 부지깽이에 혼이 났다. 한 번 밥 지어 세 끼를 먹는 어머니 곁에서 너는 쪼그리고 앉아 된장찌개서 건진 멸치를 오물거리며 입노릇을 즐겼다. 여름 한낮이면 건넌방 샛문 문턱에 모로 누워 선잠 든 어머니와 딱 한 자 건너 쪽마루에서 너도 낮잠에 동참했다.

장마로 감탕판이 된 마당, 어머니가 네 집을 들어 옮겼을 때 너는 첨벙대는 목소리로 함께 염려했다. 설익은 햇살 짬에 남새밭 나서면 너는 어머니의 발꿈치에 누워 배밀이로 느린 호미 걸음을 재촉했다. 허리가 굽어 이지도 못해 끌어 옮기던 가을걷이 수숫단

끝자락을 너는 폴짝폴짝 깨금발로 어머니의 수고를 인정했다. 가을밤에 어머니 귓가로 얄랑거리던 귀뚜리 소리를 내치려 너는 괜히 별을 쳐다보며 으르렁 위세 부렸다. 소리조차 하얗게 덮인 겨울 아침, 숫눈길을 너는 어머니보다 먼저 뒤꼍 정랑 가는 길을 틔우며 강동댔다.

 너는 그렇게 오 년을 어머니의 작은 몸이었으니, 나보다 어머니의 속내를 더 많이 알았을 것이다. 말끝이 부풀면 밥상부터 마당으로 내치던 아버지의 전설, 자리에 누워 생의 마지막 반년을 마친 '그 양반'의 이야기를 너는 다 들었을 거다. 한 지붕 아래 혼자 남은 어머니의 칠십오 년 타래가 고치처럼 풀렸으리. 사람 사는 세월은 다 겪었으니 어머니는 너와 말 나눌 방편까지 터득했을 터. 아들도 며느리도 이해하지 못하는 방언으로 어머니는 너와 대화했을 것이다.

 작두 세워둔 헛간 그늘받이에 쪽파 개리면서
 짧아도 하루 낮보다 긴 콩고랑을 매면서
 성급하게 저무는 겨울 저녁 고래 깊숙이 군불 들이면서
 찬물에 혼자 먹은 밥그릇을 입맛 없이 헹구면서
 어머니는 너에게 모든 거 비우려 했으리라. 금 간 자배기 같은 아들에게야 차마 할 수 없는 말들을 너는 잔등에 윤이 나도록 받아 적었으리라.

그해 봄, 봄비가 넉넉하게 내려 감자 심기 딱 좋은 그날, 밭둑을 채 넘지 못하고 쓰러진 어머니 곁에서 네가 본 그 한 번의 영상을 나도 보고 싶다. 어머니의 숨이 남긴 마지막 바람. 평생을 아껴 온 최후의 더운 입김. 빗대어 상상할 수도 없는 그 우주의 끝말을 나도 듣고 싶다. 삼우 지낸 어머니의 영정을 빈집에 걸어두고 도시로 떠나던 날, 나는 네가 전하던 그 말을 알아듣지 못했다. 세월이 모자란 탓에 미처 네 그렁그렁한 눈망울의 말을 해득하지 못했다. 굴뚝 옆에 쭈그려 앉은 채 아무것도 먹지 않고 견디는 너의 의미를 도무지 가늠할 수 없었다. 너는 살과 피를 안으로 말아 넣고 어머니의 지난 세월을 몸으로 시위하고 있었는데, 나는 소통할 수 없었다.

빈집에 너만 두고 도시로 돌아올 때마다 마을을 벗어나는 내 차를 따라 톨게이트까지 내달리던 너. 몇 번이나 차를 멈추고 너를 돌려세웠지만, 나는 너의 배웅을 말릴 수 없었다. 가물거리던 너의 비척걸음은 그 뒤 오랫동안 내 후사경에 박혀 있었다. 얼룩아, 미안하다. 네가 비껴 드나들던 삽짝도 썩어 없어지고, 네가 웅그린 굴뚝도 식은 지 오래고, 너의 가쁜 심장이 기대었던 담벼락도 무너진, 사라져 버린 주연들의 불 꺼진 무대에서 나는 지금 하릴없이 너에게 편지만 쓰고 있다.

사랑방 섬돌 위에 남은 어머니의 질긴 고무신처럼 하늘의 별은 오늘도 그대로인데.

삼순이

 개 글은 두 번째다. 어머님의 마지막 숨을 지킨 '알룩이' 다음으로 오늘은 우리 집 '삼순이' 얘기를 적는다.

 본적은 경상남도 하동군 화개장터. 두 해 전 초가을, 닭집 지을 합판과 철망 따위를 구하러 철물점에 들렀을 때 이제 막 뽈뽈대며 걷기 시작한 흰 강아지 두 마리를 두고 사장님 왈, '마음에 드는 녀석을 데려가 키워보시라' 했다. 구체적인 염려가 닿기도 전에 그중 암컷을 성큼 차에 태웠다. 서로 밀당도 없이, 어미와의 작별 세레머니도 없이, 오십 리 타향 악양으로 나포된 설움과 분함을 뒷좌석에 노란 토사물로 증거했다.

 '해솔촌(내가 사는 공동체 마을 이름) 3호의 순둥이'라 '삼순이'로 작명했다. 우선은 집 안에서 두어 달 함께 지냈다. 첫날부터 낑낑대는 응석도 없이 조용하게 현실을 받아들였다. 식탁 다리 모서리를 갉아대는 장난기 말고는 이불 속으로 파고들거나 거실 바닥을 꼬리로 쓸며 뛰어다니고 그럭저럭 대소변도 한곳에 부리는, 제법 생긴 대로 '진돗개'인 양 행세했다. 사실 이 동네에서는 '시고르잡스'로 불리지만.

어릴 적 한밤중 마루 끝에 흔들거리며 마당으로 오줌을 누던 버릇처럼, 삼순이도 가끔 밖에서 오줌을 누겠다고 유리문을 긁곤 했다. 뒷마당이 하얗게 눈을 덮고 자던 달밤, 송신이 나서 문을 열어주었고 하얀 눈 더께를 오줌으로 찔끔찔끔 녹이더니 어쭈! 집 안으로 들어올 요량이 아니었다. 사람인들 아니 그럴까, 달밤에 눈방석 위로 구르는 포근함을 어찌 마다하리. 결국 그날 밤부터 삼순이는 마당으로 거처를 옮겼다. 일월성신을 바로 만나는 더 넓은 하늘을 택했다.

그 뒤로 삼순이는 벽이 둘러친, 특히 천장을 얹은 어떠한 공간 안으로 들어가기를 거절했다. 억지로 밀어 넣으려면 콧잔등 찌그러뜨리고 으르렁 거부했다. 늑대의 후예답게 한데서도 잘 먹고 잘 견디었다. 웬만한 비는 툴툴 털면서 꼿꼿이 앉아 집을 지켰다. 이웃집 닭 꽁무니를 쫓는 성깔을 목줄로 자제시킬 때도 으레 그러려니 했다. 저녁마다 뒷산으로 산책할 때도 내 시야에서 벗어나지 않으면서 제 할 짓은 다 했다. 보는 눈과 듣는 귀는 나보다 훨씬 뛰어났고 게다가 손가락 촉감 대신 코끝의 냄새로 모든 대상을 만지고 놀았다.

문제는 삼순이가 나보다 더 오래 살 거라는 내 짐작이다. 개 나이에 일곱을 곱하면 사람 나이에 해당한다고 쳐도 삼순이 살아가는 이모저모를 곁에서 지켜보면 확실히 사람보다는 제 명을 잘 지킬 것임이 분명하다.

너는 자고 일어나도 잠자리 잔디밭을 개키지 않는다.
옷을 입지 않아도 덥고 옷을 벗지 않아도 춥다.
이빨을 닦지 않아도 송곳니는 입술을 찌르고
신발을 신지 않아도 산야는 거칠지 않다.
동네 사람 누구를 만나도 공평하게
꼬리 세 번 흔들며 예를 마친다.
어쩌다 옆집 고양이가 시비해도
단모음 서너 마디면 끝난다.
매일 밥그릇도 반갑고 매달 보름달은 낯설다.
목줄의 점유 면적을 계산하지 않고 혈압을 재지 않는다.
엄마가 그리워 단식하거나 뼈다귀로 마당에 네 고독을 새기지 않는다.

그래서 삼순이를 '개'라 부르는 횟수가 차츰 줄어들고 있다. 한 집에 살면서 개라고 하대하자니 왠지 사람인 내가 자격 미달인 것 같아서다. 날이 갈수록 삼순이가 더 어른이 된다는 것도 걸림이지만, 사람이 욕으로 개를 들먹이는 오랜 인습이 미안하기 때문이다. 더군다나 사람의 행실머리가 자연의 섭리에 훨씬 엇지다는 사실. 더욱 꼴값은 그 사실을 스스로 깨닫고 누천년 자신을 회유하면서도 여전히 '개보다 못한 놈'들이 인간 세상에 버젓하다. 그렇다고 개가 사람보다 낫다고 되려 사람을 업신여기는 처사도 어처구니없지만, 개가 살아가는 스타일을 인정하고 견주어 우리네 삶의 거품들을 걷어내고 적어도 개보다 못한 세상은 피해야 할 텐데.

이쯤 쓰고, 바람 좀 쏘일까 뒷문 쪽으로 나가다 삼순이와 눈이 마주친다. 좀 전에는 하늘을 보고 짖어대더니, 지금은 이부자리 위에 누워 똬리 튼 몸으로 머리를 꼬리에 묻고 눈길만 내게 겨냥하고 있다. 내가 저를 빗대 나를 쓰고 있는 내 작당이 어이없기도 하겠다. 사람 숙주로 최대 바이러스인 문자에 어쩌다 어설프게 감염되어 증상도 없고 치유도 못 하는 내가 같잖기도 하겠다. 타고난 목숨 망가뜨리면서 이 밤중에 뭐하는 짓이래?

그래, 삼순아, 나도 내 어머니보다 오래 살아 기쁜데 너도 나보다 더 오래 살아서 참 좋겠구나. 내 죽은 그날 밤에도 별이나 보고 짖다 말아라.

묵정밭에서
―한 여인이 묵정밭을 좋아했다, 헬레나 호지처럼

고아가 된 주말의 풍속도를 들여다본다. 여기에 오면, 솔선이 아닌 위선의 도시 풍경은 어느 미래의 동화 같다. 이곳 묵정밭 식물들은 서로의 의도가 부딪지 않는, 그러면서 얽히고설킨, 그래서 베낄 수 없는 그림이다. 올봄 이주해 온 어린 열여덟 식구도 풀과 함께 까치발을 세운다. 꾸지뽕 셋, 포도 하나, 자두 둘, 단감 둘, 살구 셋, 무화과 둘, 비타민 둘, 대추 셋. 내 무릎쯤 높이로 어깨 내걸고 옆구리에 망초나 띠, 훤칠한 바랭이들과 번듯번듯 해바라기를 즐기고 있다.

지금은 묘목들과 풀들이 서로 키를 맞추고 맨살 비비고 한 바람에 한결같이 울렁이지만, 올해만 지나면 이 나무들은 불쑥 자라 묵정밭의 높이를 삼 미터 들어 올릴 것이다. 햇살과 땅 사이에 두툼한 그늘의 완충대를 만들고, 그 아래 한해살이풀들을 애먹일 것이다. 그러나 지금 여기 풀들은 감히 나무들의 부름켜 속셈을 알지 못한다. 한 밭에 함께 한 흙 덮고 있으니 서로 동지인 줄 알지만, 아니다. 시간은 풀과 나무의 키를 다르게 허락한다. 순리일까? 흙은 순리에 익숙할까? 이곳에 나무를 심은 나는 차등을 조작한 걸까?

묵정밭을 내 구상대로 바꾸려던 손이 멈칫한다. 메고 나섰던 예초기의 동력을 끈다. 묘목들의 군림을 위해 풀의 발목을 잘라내려는 나의 인간적인 행사가 섬뜩하다. 아버지는 이 염천에도 과수원의 풀들을 걷어냈지만, 나는 잠시 망설인다. 지금 서로 옷자락 붙들고 어우렁더우렁 자라는 식물들이 내년이면 내가 심은 나무들 때문에 어떤 풀들은 굶주리고 어떤 풀들은 불임이 될 것이다. 나의 과일 바구니를 채워주려고 나무들은 햇볕을 독점할 것이고 벌들의 날개를 쫓아낼 것이다.

그래도 나무와 풀은 서로 미안하다. 동색의 초록이었음을 끝까지 지킨다. 묘목의 키와 풀들의 키가 서로 같았던 한때의 추억을 오래 간직한다. 간직해 주고 싶어 한다. 그 기억 때문에 풀은 스러져도 슬프지 않고 등을 쓰다듬는 바람도 쓸쓸하지 않고 어디를 가든 홀씨는 다시 푸른 싹을 낼 수 있다. 순리의 잔인을 용서받기 위해 나무는 제 열매를 푸른색으로 짓고, 탓하지 않는 풀들을 위해 함부로 뿌리를 휘젓지 않는다. 풀들이 씨를 안고 흙 속에 잠들면, 나무는 낙엽으로 포근히 덮어준다. 그렇게 땅속에서 서로 위로한다.

여기는 냄새도 다르다.

흙과 콘크리트의 체취는 밀가루와 유리가루의 차이다.

여기는 시간이 다르다.

감자꽃 부추꽃의 시간과 시침/분침의 시간은 단전호흡과 딸꾹질의 차이다.

여기는 끈적끈적하다.

달개비 목덜미의 촉촉함이 연인의 입술이라면, 아파트 뿌연 민낯은 영양실조의 각질이다.

여기는 선별이 없다.

고라니가 제 먹을 풀이 아니라고 밤새 엉겅퀴를 짓밟지 않는다.

여기는 차별이 없다.

하늘이 내리는 비든 별빛이든, 추자나무 손등과 상추 볼때기와 독새풀 새초롬한 혓바닥 위를 골고루 적신다.

여기는 원한도 윤리도 없다.

바람은 탱자나무에 찔려도 환삼덩굴에 보복하지 않고, 두더지가 고구마 치맛자락을 들추어도 쇠뜨기는 웃는다.

뒤로 헤엄칠 줄 모르는 물고기처럼 도시는 묵정밭으로 돌아갈 수 없다. 함께 키를 맞추던 기억은 신화에도 지워졌다. 누구는 나무라 높고 누구는 풀이라 낮아서 스스로 다른 키에 익숙하다. 흙은 콘크리트 비늘의 속살, 잡초는 추방자, 꽃은 클론, 모든 열매는 냉장고의 자식들, 자라지 않는 빌딩을 나무라 하고, 광장에 드러누운 사람들을 풀이라 한다. 어깨 겯고 나란히 걸으면 불량해지는 도시, 단차가 심할수록 자본이 융성하는 극대극의 천국, 구겨진 봉지처럼 나도 아직 거기 살지만.

쓸데없이 무겁던 예초기를 다시 메고 돌아선다. 그래, 여기라도 묵정밭인 채로 남겨 두자. 외로움도 법석거림이 낳은 늦둥이다.

음지 사이비

 이 가을에 원고 청탁입니다. 수필: 일정한 형식을 따르지 않고 자연이나 인생, 일상생활에서의 느낌이나 체험을 생각나는 대로 쓴 산문 형식의 글. 더듬을수록 정의는 장님 코끼리처럼 모호합니다. 장르 이전에 문장은 늘 규칙이 있어 형식을 따르지 않는다는 말은 애초 거짓입니다. 생각은 중중무진하여 도무지 문자가 감당이 될까요. 산문이 뭐고 운문이 뭡니까. 벽에 걸린 초침은 저리 쉽게 넘어가는데, 한 글자가 한 글자를 품고 걷는 이 고개는 열 근 차꼬에 매인 듯 힘겹습니다. 내가 아직 청탁에 덤빌 깜냥이 아닌가 봅니다.

 멀리 앞산의 실루엣이 무거워집니다. 여기 사람 살던 흔적이나마 집적대는 그을린 서까래도, 손때 다져진 거무튀튀 기둥도, 넝마에 겨우 뼈마디 곳곳 바스라진 문살도, 시나브로 어스름에 가름이 지워지고 있습니다. 마당에는 누렇게 센 풀들의 어깨가 바람에 서로 대거리합니다. 그 휘움 아래 한자가웃 어둠이 두꺼워지고 하늘이 낮아지는지 땅이 부푸는지 슬그머니 뒤섞이고 맙니다. 장독 뚜껑 위에는 쓸데없이 지나간 가을비가 오목하게 고였습니다. 그 렌즈 속으로 얼핏얼핏 별들이 셈을 놓습니다. 도대체 이 가을의 길미가 얼마이길래 나는 축담에 앉아 죽치고 기다릴까요?

먼저 귀뚜라미가 밑천을 다툽니다. 귀뚜러 귀뚜러… 사라지는 모습들의 미수금을 빳빳한 지폐를 찢듯 챙겨내려는 소리. 어둠의 포자가 번져가는 순간, 장독간 굄돌 사이의 틈이 벌어지고, 이마 늘어진 맨드라미의 척추가 풀썩 솟치고, 녹슨 배를 껴안고 엎어진 가마솥이 뒤집어지고, 건넌방 식은 고래가 우렁우렁 내칩니다. 귀뚜러 귀뚜러… 세움과 거리와 꾸밈이 구겨져 검은 곤죽이 되는 이 시간에 햇볕이 밀쳐둔 음지의 소리를 들으라 다그칩니다. 음지가 받들어 댓잎이 울렁이고, 음지에 당겨 옹기가 앉고, 음지를 달궈 고래가 거뜬하다, 외칩니다. 귀뚜러 귀뚜러….

창턱에 기대어 귀를 뚫고 듣는데, 슬금슬금 낡은 책꽂이 뒤켠에서 꼽등이 한 마리 나타납니다. 아직도 덜 여문 등껍질이 골난 두꺼비처럼 불퉁거립니다. 한평생 어둠에 끼어 기어이 눈과 귀를 잃은 꼽등이. 눈 없고 귀 없는 곳에서 사체나 뜯어먹는, 드러날까 두려워 날갯소리도 떼다 버린, 뾰족해도 벙어리인 주둥이, 무턱대고 휘적대는 더듬이, 아무 데로 내딛는 뼈쩍 다리, 연가시 품고 어룽

대는 보행충(步行蟲). 그래도 나는 귀뚜라미와 꼽등이를 구별할 줄 압니다. 이 얼마나 다행입니까! 같은 어둠의 생물이지만 나는 당장에 그들을 가려낼 수 있습니다. 바람 타고 달빛 툭툭 건드리며 곧이곧대로 한데서 어둠의 음덕을 찬송하는 귀뚜리를 들으며 나는 주는 것도 없이 꼽등이가 미워집니다.

이 가을은 기회의 계절이라네. 귀뚜러 귀뚜러… 좋은 짝 찾으려 내 몸 닳도록 노래하는 계절이라네. 들뜬 공약으로 언설 부풀리는 봄날도 아니요, 사방천지 그늘 속으로 밀어 가두는 여름도 아니요, 아직은 백색의 테러에 주눅 드는 겨울도 아니라네. 귀뚜러 귀뚜러… 들춤과 감춤, 남김과 떠남, 본질과 허장이 풀잎마다 나무마다 법석구니 떠는 계절이라네. 마침내 오고 만 이 가을의 선택을 위해 나는 오랫동안 머리 납작하게 누르며 살아왔다네. 다리 접고 무릎 꺾으며 살아왔다네. 귀뚜러 귀뚜러… 음지를 고치처럼 풀어내어 어둠에 사라지는 집과 풀과 장독을 날 선 소리로 얽어매는 나의 노래, 이 계절의 노래를 위해 나는 백지장 같은 날개를 옆구리에 끼고 어둠을 입고 살아간다네.

귀뚜러 귀뚜러… 이 가을은 기대의 계절이라네. 기대는 낙엽이 지쳤을 때 앞서 달리는 바람이라지. 한철 푸릇했던 이파리가 쇳물 끼었고 바닥에 나뒹굴 때도, 한철 다짐했던 열매들이 주린 사람들 잇속에 앗길 때도, 그래도 잎은 썩어 다시 봄날의 짙푸른 잎맥을

기대한다네. 그래도 열매는 제 속에 씨를 품고 다시 봄날의 오롯한 싹을 기대한다네. 귀뚜러 귀뚜러… 나는 안다네. 뿌리는 끝까지 남아 음을 딛고 꼿꼿이 서는 이 가을의 역리를, 나는 내 노래처럼 안다네. 목숨이 벼랑처럼 뚝뚝 떨어지는 이 계절, 내 노래가 그들의 잎이 되고 그들의 과육이 되어 우리는 밤을 함께 지킨다네. 귀뚜러 귀뚜러… 열흘에 한 번씩 허물을 벗고 조금씩 진폭을 넓히는 나의 변태는 그래서 아름답다네.

 귀뚜라미를 '촉직(促織)'이라고 불렀습니다. 따뜻한 겨울나기를 위해 부지런히 베를 짜라고 조르는 거지요. "귀뚜라미 울면 게으른 아낙이 놀란다"는 속담이 아니더라도, 암컷을 노리는 수컷 귀뚜라미의 노래 속에는 삶의 고스락과 종족의 영속을 위한 깊은 의도가 담겨 있습니다. 다시, 책상 안다리 곁에서 앞도 뒤도 없이 끄적거리는 꼽등이와 마주칩니다. 그렇습니다. 꼽등이처럼 등이 굽으면 몸에 날개를 달지 못합니다. 날개가 없어 길고 먼 노래를 짓지 못합니다. 더듬이 길이만큼의 세상만 더듬거리며 사는 놈은 제 몸뚱어리 바깥을 헤아리지 못합니다. 가을의 뜻을 청탁하는 귀뚜라미를 위해 나는 꼽등이 옆에 앉은 등을 바로 펴고 앉습니다.

측상(廁上)

 촛불의 조도만큼 흐린 영혼, 식탁은 반듯하고, 엔틱 의자에 비스듬히, 귀는 텔레비전에 걸고, 어제보다 달라 보이는 식구들의 눈길, 화분에 새로 꽂은 세 송이 국화, 대기보다 뜨거운 설산, 백만 년 식어야 할 용암, 창과 방패, 한번 아니면 영원히 사라질 오늘 아침의 끼니. 형형색색 찬은 빛깔도 곱네.

 마침내 피하 터널마다 꾸역꾸역 체증을 이루고, 신트림 추진력에 덩이가 꿀렁꿀렁 구절양장 지나고, 무지개가 탈색하여 흙빛이 되면, 결국 어젯밤 술자리처럼 슬금슬금 뒷간으로 물러나 구수한 반납을 즐긴다. 마상보다 즐거운 측상이여! 입으로 넣고 아래로 빼는 이 공정이 호모 에렉투스는 어떠했을까.

 자문자답, 달라진 건 없다. 태어남이 죽음에 변절한 적 없는 것처럼, 먹고 싸는 통속의 습속은 바뀌지 않았다. 쌀이 쌀인 것처럼 살은 여전히 살이다. 뭐래도 삶이란 밥을 똥으로 주무르는 대사(代謝)의 부역 기간. 생명은 세포의 영양이요 영혼은 소화의 증기다. 몸 밖 물상들만 진화에 신바람일 뿐, 삶아 먹든 쪄 먹든, 되든 무르든, 밥을 똥으로 받아내는 내장 설비가 리모델링 되기엔 우주가 떼준 인간의 시간이 너무 짧다.

  매일 다른 옷 걸치고 설레발치는 놈,
  일 년 내내 한 옷으로 죽치는 놈,
  우리는 모두 위로 먹고 아래로 싼다.
  한 발자국 걷고 열 번 쉬는 놈,
  열 발자국 걸어도 못 쉬는 놈,
  우리는 모두 똥을 위하여 입을 부린다.
  배꼽이 배보다 큰 놈,
  손바닥이 하늘보다 넓은 놈,
  대가리 열두 개로 교활한 놈,
  꼬리가 아흔아홉 얄랑거리는 놈,
  날 때부터 입이 아가리보다 더 찢어진 놈,
  죽을 때까지 똥이 똥구멍보다 더 불어 터진 놈,
  우리는 모두 두 구멍 사이로
  밥과 똥이 들고 날 때까지만 산다.

아직 변기에 앉아 있다. 다리가 저리다. 엠보싱 세 칸 접어 뒤쳐

리하고 괄약근 닫고 직립으로 돌아간다. 공중에 앉아 새처럼 똥을 싼다는 것이 신통방통할 뿐, 입에서 항문까지의 노정에는 이정표 하나 바뀐 적 없다. 막힌 미주알에 힘을 주면서 다시 먼 나의 에렉투스를 만난다. 똥을 위해 여전히 무릎을 접고 '학문'을 펼치는 나의 변함없는 동체(同體)여!

염신불구무병(念身不求無病)

 주저 없이 천장을 내리치는 빗소리에 일어나 다섯 시, 100일 수행정진 기도에 동참한다. 비구름에 가려도 저 멀리 지리산 굵은 몸뚱이는 처연히 누워 있겠지. 새벽 어스름에도 개망초꽃은 개망초 줄기에 피어 있고, 달맞이꽃은 달맞이 꽃대에 피어 있다. 몸을 세웠다 눕히는 108배와 몸을 굳히는 명상을 마치고, 어젯밤 읽었던 종합 검진 결과를 떠올린다. 어제는 어제로 잊어버리고 싶은데, 도깨비바늘처럼 따라붙는 일들이 가끔 있으니.

 내가 내 몸을 안다는 건 헛소리다. 유전자는 내 의지와 상관없다. 어쩌면 나는 내가 아니라 그의 뜻대로 살아지는 것이리라. 분노를 따르고 눈물을 좋아하고 내성(內省)을 즐기는 것도 그의 취미다. 잠이 드는 순간도 깨어나는 순간도 나는 알 수 없다. 만사 몸의 뜻대로 산다면 천치가 되겠지만, 천재라고 몸의 뜻을 거역할 수는 없다. 인간은 여전히 제 유전자를 조정할 수 있게 진화하지 못했다. 조정하게 된다면 멸종할지도 모르고.

 빅데이터 시대, 가장 어중간한 몸 하나 '기준' 잡아 놓고 세상의 모든 몸을 꿰맞추는 시도가 소위 의술이다. 취하지도 않는 가짜 술이다. 70~99mg/dl 기준범위를 넘어 144 수치 혈당으로도 몸은 살 수 있다. 심뇌혈관질환 발생위험 1.38배라도 몸은 살 수 있다. 망막에 파리가 날아다녀도, 밤마다 관절이 염병(炎病)을 떨어도, 네시나 메트 한 알씩 아침마다 삼켜도, 몸은 아직 살아 있다. 더 오래 살지도 모른다. 의학이 마련한 '정상인 스펙트럼'이 사형집행 날짜는 절대 아니다. 신탁(神託)은, 인간의 통계와 평균의 노름판을 결코 신탁(信託)하지 않는다.

 내 몸의 수치 앞에 무릎 꿇지 말자. 몸은 원래 사람이 만든 숫자를 모른다. 혹은 몸의 숫자를 사람이 기록할 수가 없다. 몸은 몸끼리 유구하게 생하고 멸할 뿐, 인간의 의술이 그 시종(始終)을 주관할 수 없다. 몸의 시간에 비해 과학의 시간은 먼지도 아니라서, 몸은 이성의 불평을 개의하지 않는다. 21세기 검진 결과에 적격하지 않다고 불안해한들 몸이 나를 성큼 수긍하고 응답하지 않는다. 닳으면 닳은 대로 굴러가는 바퀴에 어느 부속 하나 바꾼다면, 오히려 곤두박질할지도 모른다.

 서로 달라서 인류가 여태 굴러온 것이리라. 한결같다면 한 가지

병으로 한꺼번에 폭삭 망가졌으리. 수치가 정상 범위에 들지 않는다고 내 몸을 의심하지 말자. 이 혼돈의 지상에서 살아나려고 내 몸은 나보다 더 애쓰고 있지 않은가. 몸이 원하지 않는 짓거리로 몸을 괴롭혀도 몸은 끈질기게 타고난 운명을 끝까지 지킨다. 몸은 영원하지도 않지만, 포기하지도 않는다. 몸은 영생을 꿈꾸는 타고난 낙천주의자다. '몸'과 '맘'의 한통속이다.

몸보다 정신을 앞세우던 시대가 있었다. 정신이 몸을 운영하는 소프트웨어인 줄 착각하며 몸의 소리에 귀 기울이지 않았다. 원숭이가 사람처럼 된 이후에도, 먹고 소화하고 싸는 메커니즘은 달라진 게 없다. 몸보다 의식을 앞세우는 그 사이로 의사의 호기심이 파고든다. 치료와 약물이 몸과 나의 틈을 메운다고 장담하지만, 그것은 또 다른 나를 몸에 덧대는 꼴이다. 몸은 버겁고 낯선 정신을 맞아 당황할지도 모른다. 어느 날 참을 수 없을 만큼 이성이 성가시게 굴면, 몸은 오히려 제 몸을 버릴 것이다.

나에게 숨을 주는 허파가 아직 꿈틀거리고, 피를 주는 심장이 아직 쿵쾅거리고, 꿈의 시냅스들이 지금도 바삐 움직이고 있다. 언젠가 그들은 나에게 물어보지도 않고 제 하던 일을 멈추겠지만, 아직은 아니다. 나는 이 역동에 편승하여 그저 누리면 된다. 우주에 신이 없듯, 지상에 '정상인'은 애초 없다. 누가 뭐래도 나는 지금 내 몸의 더부살이 나그네다. 나는 내 몸의 '지역 특산품'(local product), 몸의 토질이 밴 **뼈**와 살을 사랑하자. 그렇게 몸의 뒷전에서 차분히 몸의 하루를 즐겁게 살아주자.

---

*염신불구무병(念身不求無病): 몸에 병이 없기를 바라지 마라. 「보왕삼매론(寶王三昧論)」 중에서

귀요우 전상서(前上書)

 돌아가시기 전에 자주 찾아뵙겠습니다. 하시는 일이 무엇이든 다 부질없음이니 마냥 돌처럼 평안하시옵고, 말도 많고 탈도 많은 텔레비전 속의 인간사 겉일에는 그리 괘의치 마십시오. 근자에 몸이 불편하단 소식을 들었습니다만 별고 없으신지요? 세월에 굴러 만사를 거르자니 아무렴 튼튼했던 쳇바퀴도 닳아 삐걱대겠지요.

 가만히 앉아
 주는 햇볕 먹고 물 들이켜고
 바람도 쐬고
 간혹 번개에 팔다리 잘려도
 그러려니,
 새로 아물고 사는
 저 비탈의 소나무들 또 어떻습니까.

듣자니 요즘 잠을 통 못 이루신다고요? 저도 요새 그런 증상이 있어 전문의 친구에게 물었더니, 그게 욕심 때문이라는군요. 허 참 무슨 선문답도 아니고! 이 몸뚱이 놓아두고 저세상 먼저 가려니 그게 아까워서 그렇다 그러네요. 옛사람들이 밤새 촛불 켜고 몸뚱어리 지킨 것도 다 그런 까닭일까요. 어짭니까, 그것이 너나 나나 다 사람이 하는 짓이라면 우리도 어쩔 수 없이 참아야지요. 우리 나이에 미리 치매를 염려하는 친구들도 있는데요. 치매로 내가 누군지 모르고 몸만 그저 살아 있음도 그리 나쁘지는 않을 거라 슬쩍 눙쳐봅니다. 그게 무슨 의미가 있느냐고, 그럴 거면 사는 거나 죽는 거나 뭐가 다르냐고 합디다만, 그 또한 나에 대한 욕심일 지도 모르지요.

사실 나와 내 몸은 별개라는 것을 저는 요즘 실감합니다. 며칠 전에도 제가 독감에 걸려 개고생했는데요. 솔직히 제가 독감에 걸리겠다고 작정한 적 전혀 없었는데도 불구하고 몸은 제 요량껏 덜컥 감기를 애첩으로 불러들인 거지요. 어데 내 몸이 내 말을 듣습니까! 사소한 일들, 예를 들어, 담배를 끊는다든지, 운동을 한다든지, 책에 눈길을 박고 찌그러진다든지, 하는 일에는 그나마 몸이 토닥거려 주지만, 내 짓이 약간이라도 꼴사나우면 몸은 멋대로 돌변하지요. 좀 바빠서 발걸음을 재촉하면 학학 거부하고 숨도 안 보태주지요. 한번 안아볼라치면 바로 번데기처럼 쪼그라져 있다가 쓸데없이 새벽녘에 오줌보만 팅팅 부아를 세우지요.

어디 그뿐입니까. 의사 말로는 내 몸의 피가 썩 안 좋다네요. 고지혈에 당뇨에 고콜레스테롤에… 그게 또 웃기는 것이 말입니다. 이놈 몸도 오래 살려면 제 알아서 구석구석 병을 보살펴야 하는데, 이토록 피가 더러워질 때까지 몸은 어쩌자고 아무런 낌새도 못 채고 방관했을까요? 그래서 속이 썩어 문드러지면 어디 내만 죽나요, 저도 죽지. 솔직히 이맘때 죽어도 나는 자손 대대 오래 살 겁니다. 아니 적어도 자식놈 세 놈 살덩이 속에서는 한참 살겠지만, 제깟 몸은 사흘 안에 불 싸질러 재도 없이 굴뚝으로 사라질 건데 말입니다. 이놈 몸뚱어리의 희한한 배짱에 요즘 많은 배신감을 느낍니다.

이날 이때껏 몸을 숭배한 의식도 많이 치렀지 말입니다. 하루 세 끼 거르지 않고 먹여 주었지요. 어둑하면 몇 시간씩 편안히 눕혀 오로지 저를 위해 나는 떠나 주었지요. 사실 몸 떠난 나를 나도 잘 관리되지 않지요. 몸은 꿈쩍도 않는데 무슨 꿈과 그리 어울려 지분거리는지 원. 어떤 날에는 내가 화가 나서 몸을 흔들어 깨우기도 하지요. 추우면 춥다고 생돈 들여 털옷 입혀줘, 더우면 덥다고 염치불구 싹싹 벗겨줘, 남 보기 흉할까 봐 씻기고 깎고 빗고 오만 시중 다 들며 지금까지 붙어살았는데, 요즘 들어 각방 쓰고 싶어 하는 마누라처럼 내 몸도 따로국밥이라 몹시 서운한 겁니다.

저도 이런데 선생님은 오죽하시겠습니까! 한때 일 년 367일을 술로 사신 적도 있으시다지요? 그때만 해도 아마 몸 서너 개쯤 부릴 만큼 기가 셌을 겁니다. 젊어 혹사한 몸이 이제 앙탈하는 것이라 생각하면 저도 가끔 헛웃음이 나서, 몸살로 누워 있을 땐 차라리 속죄인 양 몸의 잔소리에 내맡기기도 하지요. 억지로 병원 가서 약 먹고 이놈의 몸이 내 뜻을 알아주기를 바라지 않는다는 겁니다. 저도 더 살고 싶으면 그만 자리 털고 일어나겠지 버티는 거지요. 사람이 사람과 함께 오래 살다 보면 권태로워서 헤어지니 마니 야단들인데, 여태 나와 한시도 떨어지지 않고 붙어산 것만 해도 고맙고 거룩하다 여깁니다.

이거 새벽 말이 너무 길었습니다. 그래도 몸이 이리 일찍 일어나줘서 선생님께 안부 편지도 쓸 수 있습니다. 가는 길 한 번뿐인 인생과 평생 한 몸만 가진 가난한 우리가 그래도 울지 않고 아쉽지 않은 것은 가끔 이렇게 서로 위무하는 글이나마 주고받기 때문일 겁니다. 몸이 가끔 성가시더라도, 쬐 안 든 손자가 늙은 삶을 이어가듯, 몸이 아직 마음 가까이 있어 배고픈 생각 모르고 삽니다. 아침이 되려면 아직 설핏 한잠은 더 잘 수 있겠습니다. 받침 빠진 이름이 눈앞에 흔들흔들합니다.

나는 새우깡이다

나는 '새우깡'이다.

국적은 대한민국, 1971년생. 어머니는 '농심댁'인데 아버지는 누군지 몰라 어머니가 늘 감추려 애쓴다. 아마 우리나라 서해안 출신 '대하'씨가 아닌가 한다. 왜냐하면 몇 해 전 프랑스 칸 영화제에서 그가 불쑥, "I'm your father!"라고 말한 적 있기 때문이다. 그날 우리 부자(?) 상봉 컷이 아직 인터넷을 떠돈다. 그때 나는 내 이름 뒤에 붙은 '깡'이 영어로 'Jr.'(쥬니어)일지 모른다고 생각했다.

어머니가 나를 뱄을 때 입덧이 심했던가. 내가 태어나던 날 주변 사람들이 매우 반가워했다. 당시 유명했던 어느 가수는 손수 자장가를 지어 불러 주었다. "손이 가요, 손이 가, 새우깡에 손이 가, 아이 손, 어른 손, 자꾸만 손이 가" 사실은 그이 덕분에 나는 태어나자마자 대중 활동을 시작하게 되어 지금까지 스낵계의 왕으로 군림하고 있다!

그 뒤 내가 여러 가지 일로 정신없을 때, 내 어머니는
'먹물새우깡',
'매운새우깡',
'코코아새우깡' 등 재밌는 동생들을 마구 낳았다. 차마 내 입으로 말하긴 뭐하지만, 내 어머니의 남자 친구들은 참 다양하다. 어선잡이 '오징'씨, 전남 순천의 '고추'씨, 그리고 남미 여행 중에 만났다는 '카카오'씨. 그중에서도 가장 덩치 크고 걸걸한 목소리를 가진 사람이 '노래방'씨였는데, 아니나 다를까 막내동생
'노래방새우깡'은 애비 못지않게 통통하여 일견 인심 좋게 생겼다. 근자에는 왜놈도 사귀는지
'김맛새우깡'이라는 짭짜리하고 밉살스런 녀석까지 태어났다.

내 어머니가 이리 자손을 마구 생산하는 이유가 있다. 내가 그래도 아직 이 나라 스낵계의 권좌를 쥐고 있고, 그 덕분에 우리 집 살림이 팍팍 좋아지는 걸 배 아파하는 사람들이 자기 자식들을 내 모습처럼 마구 성형해대는 바람에, 자칫 우리 가문이 위태로울 것 같기 때문이다. 얼굴에 곰보 자국이 심한 '쌀로별', 환풍기 구멍같이 허전한 '양파링', 이도 저도 아닌 변종에 스스로 놀란 '오잉', 손가락 긴 마녀의 곁눈질을 본뜬 '꼬깔꼰' 등, 무수한 조무래기들이 우후죽순 치솟으니, 욕심 많기로 소문난 내 어머니 '농심댁'이 얼

마나 좌불안석일지는 충분히 짐작이 간다.

중국으로 시집간 누이의 불결함 때문에 한때 곤혹을 치른 적은 있지만, 그렇다고 아직 우리 가문의 인기를 넘볼 경쟁자는 없다. 자만인가는 몰라도, 내가 속살 내비치는 우윳빛 옷을 걸치고 거리에 나서면, 내 어릴 적 귀염 받던 그대로 어른이나 아이들 모두 광팬이 되어 달려든다. 가족끼리 소풍 가다가 나를 만나면 꼭 옛 친구를 만난 것처럼 넝큼 덥석댄다. 극장에서 연인끼리 소곤거리며 서로 입술을 내밀 때 중간에 끼어 바스락 떨리는 내 신음이 부끄럽기도 하다. 거나한 술에 서로 어깨 건 동창들은 유독 우리 막내를 노래방 구석까지 자꾸만 꼬드기는 것이다. 아, 세상이 망해도 이놈의 인기는 시들지 않는다.

그럼에도 불구하고 한 가지 불만이 가시질 않는다. 인기를 오래 지닌 구세대들이 대체로 느끼는 착각이지만, 요즘 새로 뜨는 어린 것들이 영 마음에 들지 않는다. 우선 그 이름부터 역겹다. 글자는 분명 우리말인데 뜻은 모두 터무니없는 외제들이다. '치토스', '콘칩', '바나나킥' 등의 아류로 '브래드칩', '워터크레커', '슈퍼푸드', '칼로리바란스', '마더스핑거'… 모조리 창씨개명한 매국노들이 마구 설쳐대는 꼬락서니가 보기 싫어 딱 미치겠다.

이름을 바꾼다고 핏줄을 감출 수야 없지 않은가. 한 꺼풀 깊이의 본색을 그리 업신여기면서 무슨 영화를 얻겠다고. 하여튼 한심한 세상이다. 이 땅에 없는 걸 받아와도, 이 땅에 어울리도록 보살핀다면, 누이 좋고 매부 좋아 진탕만탕 수지맞는 일이지만, 우리에게도 하늘의 별만큼 한강의 모래알만큼 아름다운 이름들이 얼마나 철철 넘치는가 말이다. 구태여 남의 나라 이름을, 그것도 소리만 뎅그러니 빌어온 이름들을 세련인 양 으스대는 모습이, 마치 김칫국물에 치즈 말아먹는 것 같아 토하고 싶다.

그래, 나는 어제도 오늘도 한결같은 '새우깡'이다. 그래 맞다. 내 아버지는 허리 구부러져도 깡으로 사는 이 나라 바닷가 외골수 사내가 분명하다. 새로 난 동생을
'감자깡',
'고무마깡'이라 이름 붙인 내 어머니는 분명 애국자다. 아, 오늘밤엔 내 오랜 친구인
'맛동산'을 불러 소주 한잔 해야겠다.

민들레

몸에 좋다고 입에 쓴 푸성귀를 한 소쿠리 장만해 온다.

땅에서 자라는 어느 풀인들 데치거나 삶지 않고 날것으로 먹으면 사람 입에 쓰지 않은 것이 어디 있으랴. 봄날, 아직 쓴맛이 채 배지도 않은 어린 쑥이며 씀바귀며 독이 있어 소도 안 먹는다는 고사리며, 뿐이랴. 온갖 새순과 산나물을 사람들은 마구 후려 먹는다. 어떤 것은 수족을 뜯어내고 어떤 것은 뿌리째 뽑고 어떤 것은 허리를 동강낸다. 보신을 위한 잔인의 역사는 이른 봄부터 시작된다.

민들레는 열로 인한 종창이나 인후염, 간염, 황달 등을 치유하고 오줌을 잘 누게 하며 젖을 빨리 분비하게 하는 효험이 있단다. 노란 꽃보다 흰 꽃 민들레가 더 좋다지만 둘 모두 어릴 때 잎이나 뿌리 색깔은 같다. 한방에서는 꽃 피기 전의 민들레를 약재로 쓰기 때문에 겉으로 드러난 꽃 색깔이 민들레의 약효와는 무관하다. 그런데도 우리가 봄을 겪으면서 순진한 꽃대 끝에 꽃잎이 드러나면 흰 민들레와 노란 민들레를 차별한다.

 햇빛이 주는 모든 빛에서 노란빛을 거부하여 노란 꽃이라면, 흰 꽃은 그 모든 빛을 미리 거부하기 때문일까, 아니면 모든 빛을 수용했다가 마침내 스스로 감당하기 어려워 탈색해 버린 꽃잎일까.

 진나라의 폭정을 몰아낸다는 명분으로 한나라를 이끌었던 유방이 부패했던 과거의 황실 관행을 다시 답습하려 했을 때, 충신 번쾌는 주저 없이 직언했다. 그의 말을 '양약고구 충언역이(良藥苦口 忠言逆耳)'라고 상소한 장양의 설득에 결국 유방은 크게 뉘우쳤는데, 오늘 우리는 입에 쓴 풀들을 마구 먹으면서 무엇을 뉘우치는가. 4·3, 5·18, 10·19… 수없이 반복되는 쓴맛들에 우리는 얼마나 반성하는가.

 마당에 잔디를 가꾸는 호사가들에게 민들레의 로젯 방패와 원뿌리 창은 막강한 적병이다. 쉽게 근절되지 않는다. 어설픈 호미질로는 어림없다. 햇빛에 북을 울리고 바람에 군가를 부르며 흙이 주는 쓴맛을 말뚝처럼 박고 버틴다. 예초기에 잘리고 발길에 짓밟혀도 온 들판에 팔 걷고 흙 부여잡고 지천인 민들레. 저 하얗고 노란 꽃송이들, 수천수만의 홀씨 길러내어 바람에 둥실둥실 햇볕 잘

드는 온 세상으로 번져나가는 오월.

  소쿠리 가득한 이 쓴맛을 잔뜩 안을 때
  입맛 살아나고
  몸도 건강해지리라 믿는다.

선덕여왕릉

 불국사에서 통일전 앞으로 그래서 박물관으로 가는 산업로를 달리고 있다. 까까머리 얄개 시절, 저당 잡힌 야간 자율 학습 시간을 빼돌려 한밤에 자전거로 이 길을 쏘다녔었다. 오늘은 문득 선덕여왕릉 표지판을 다시 만난다. 죽어 도리천에 묻어 달라고 했다던가. 많이도 오고 가던 길인데 아직 그 도리천을 찾지 못했다.

 차를 오른쪽으로 몰아 바퀴 폭만 한 길로 들어선다. 도리천 유언을 진짜 도리천으로 만든 그 사천왕사가 흔적을 뒤척거리고 있다. 세월이면 도리천도 없어진다는 것을 그녀는 몰랐을까. 겨우 모퉁이를 돌자 한 마장 건너 서넛 집 마을은 보이는데 왕릉으로 가는 이정표가 없다. 이런 젠장. 과거를 찾아가는 타임머신이 멈칫, 결국 후진한다. 왔던 길 다시 보니 왼쪽 시멘트 짧은 다리가 심상찮다. 이 길이구나.

섶나무 몇 개 주워 든 굽은 할머니를 눈웃음으로 피해 오르니 솔숲이 보인다. 여기리라. 낯선 묘지 옆에 차를 세우고 가느다란 길로 오른다. 왼쪽으로 가라는 표지 하나. 어명을 따른다. 해는 벌써 남산 너머 마을로 가버렸으니 기어 나온 어스름이 을씨년스럽다.

지친 병사들의 팔다리처럼 흑백의 소나무 가지들이 마구 얽힌 저 너머, 저어기 커다란 젖가슴이 불쑥 보인다. 진짜 흐벅지다. 색이라면 열여덟 속살이고, 소리라면 발정 난 고양이며, 냄새라면 오만 년 뒤라도 기억나는 첫사랑이고, 맛이라면 벌침 끝의 화분이고, 만진다면 터져 버릴 새벽이슬이다.

천 년의 유혹을 오늘 겨우 눈치채다니! 아무리 성골이지만 사람의 마음에 골품이 어디 있으랴. 진신의 탑돌이하듯 가슴팍을 한 바퀴 애무한다. 두 팔 벌리고 애기처럼 젖몸에 착 붙어본다. 무슨 큰 느낌이 와야 하는데, 어째 감격만큼 감동이 없다.

찐맛 없어 한 바퀴 더 돌아보고 소나무에 기대 멀거니 쳐다본다. 아니, 갑자기 저쪽에서도 나를 보는 듯하다. 오호, 이런 느낌으로 이 나라 삼천 리에 전설 하나씩 생기는구나! 문득 오싹하다. 홀리기 전에 얼른 피하자. 저 암팡진 가슴이 더 짓누르기 전에.

마구 얽힌 소나무 가지는 녹초가 된 전쟁터 병사들의 사지 같다. 진짜 그렇다. 그녀는 죽어 천 년 동안 아직 통일의 꿈을 꾸고 있나 보다.

유신아, 춘추야, 이 젖 먹고
온 나라 땅따먹기 놀이에 마구 이겨다오.
큰 뜻에 작은 백성들 피야 장마의 물 한 방울이지.
해가 뜰 때도 해가 질 때도 하늘은 늘 핏빛인 걸
부디 하늘의 뜻을 거역하지 말아다오.
내 빗돌에 검은 먹물이
천 년을 더 붉도록 유구(乳久)하리니.

내려오는 길에 구부러진 연옥의 그림자들이 몰려온다. 창날 같은 솔잎마다 비린내가 와글거린다. 무덤도 비석도 없는 죽음들은 어느 꿈에서 원망할까.

우리는 숨 쉬는 소나무가 아니에요.
우리는 전쟁의 땔감이지요.
우리는 죽어도 전쟁은 아직 활활 타네요.
우리는 밤마다 숯이 되어 잉걸을 견디지요.
제발! 이 길이 끝나기 전에 알아주세요.

떠드는 소리에 솔숲은 끝난다. 힐끔 돌아보니 무덤은 보이지 않는다. 그녀의 몸은 묻고 또 묻어 썩어졌는데, 그녀의 추억은 왜 캐고 또 캐낼까. 통일의 추억에 매여 죽지도 못하는 무덤과, 불사의 왕 옆에 아직도 사지 뒤틀린 푸른 병사들이여, 그럼 안녕.

넌—센스 or 난—센스

에피소드 하나

중화민국 수도 난징의 1937년 겨울. 사령관 탕셩즈는 양쯔강 너머 도망가고 남은 병사들과 시민들은 백기를 집어 든 채 버려진 짚단처럼 닥치는 대로 일본군 기관총 하례를 받았다. 어림으로 삼십만 명, 아기는 공중으로 던져 칼끝으로 받았고 청년은 총검술 훈련용으로 지쳐 맨땅에 불도저로 묻었다. 석유를 덮어쓴 몸에 총알이 불을 댕겼고 선간후살(先姦後殺), 수녀와 비구니도 여자였다. 도시아키와 쓰요시의 목베기 시합 100번째 니뽄도에 떨어지는 피, 『The Rape of Nanking』, 역사는 누구의 편에 서는가.

에피소드 둘

"소대장은 madman이었죠." "발포하라 여덟 살이든 여든 살이든 Kill'em All." 증언자는 얼리 조지였다. "굴통 안엔 모래와 자갈이 떨고 있었슈. 사람들은 전깃줄 같은 총알 아래 맨손으로 구덩이를 팠지유. 어떤 사람은 죽은 사람을 덮고 숨고 어떤 아이는 에미가 죽은 줄도 모르고 안고 울었지유. 그 소리에 졸고 있던 총알 소리가 다시 쏠리고, 애비는 아이의 주둥이를 개울에 처박아 울음소리를 죽여버렸슈." "The Bridge at No Gun Ri", 영화 「작은 연못」을 보셨나요? 아무 영문(英文)도 모르던 충북 영동군 쌍굴 앞.

에피소드 셋

뒤로 옭아맨 손목을 파고드는 로프, 검은 터번으로 눈을 두르고 한 사람이 꿇어 있다. 바지 구멍으로 도망친 핏물이 탱크 자국을 메운다. 질긴 오후, 그의 그림자는 모래 위에 일렁이고, 거친 숨으로 꾸란을 외운다. 방탄조끼에 텅 빈 눈으로 바투 선 또 한 사람, 드디어 번들거리는 총신을 만진다. 한 발 물러서고, 총구를 들어 올려 무릎 꺾인 그의 등을 누른다. 한순간, 스러져 가던 햇살이 노리쇠에 걸려 반짝이고, 에이케이 총구는 풀쩍 솟아오르고, 돌산 갈라지는 소리, 포물선을 그리고, 문득 물체가 된 『연을 쫓는 아이』와 한때의 아버지.

에피소드 넷

음부를 드러낸 여자가 셋,
그중에 하나 아니면 둘이 임신 중이고.
가슴과 사타구니를 빈손으로 덮은 여자가 하나,
단발머리고.

한 아이는 엄마의 등을 긁어내리고,
한 아이는 엄마의 팔을 죄어 매달리고,
한 아이는 흙장난 중이고,
가운데 한 아이는 멍청한 엄마를 밀어내고 있다.
장딴지가 바싹 올려 붙은
궁뎅이 탱실한 놈들이 다섯 아니면 여섯,
철갑을 두른 놈, 철릭 입고 자지를 드러낸 놈,
철가면에 낯짝을 가린 놈,
총구가 하나인 총이 넷,
총구가 개구리 발가락처럼 갈라진 것이 둘,
어울리지 않게 꼬나든 칼은 뭐지?
포연에 싸인 하늘 저 멀리
반쯤 허물어진 교회당이 언덕을 지키고
발바닥이 긴 놈들은 겨누고 있다.
겨누기 전부터 머리칼 잡아 뜯는 여자들을
단층의 구릉에서 직각으로 겨누고 있다.
골똘한 한 아이는
고개 돌려 끝까지 지켜보고,
"Massacre en Corée", 1951년 파블로 피카소.

에피소드 다섯
이등병은 안경을 낀 채 위생병이었다. 바지는 벗기고 신발은 원래 없는 다섯 살 이라크 아이를 안고 왼쪽 발을 딛기도 전에 종군기자는 사진을 박았고, 안긴 아이는 울기도 웃기도 전에 신문에 나고 말았다. 뉴욕타임즈 로렌스 다우너스가 통탄을 하는데도 마누라는 새끼를 핑계로 리오그란데 강을 건너 도망갔고, 거짓말처럼 전역한 그는 그날도 골방에서 솔벤트를 찾고 있었다. "그는 참 좋은 사람이었어요. 우리 집 손자는 그가 올 때만 웃곤 했지요." "내 아들은 아직 돌아오지 않았어. 저건 내 아들이 아니야!" "나는 나쁜 아들입니다. 뉴욕 메인스트리트 맨홀은 대전차용 지뢰이군요. 사람들은 모두 어깨걸이 탄창에 RPG 하나씩 메었네요. 겨누지 마라, 사람의 몸은 여덟 조각이 될 수 있는 피자란다. 물컹한 언더단의 스테이크란다. 평화와 살인은, 망상과 현실은, 아무 상관 없는 일이란다." 그러나 뒷벽은 허물어지고 SWAT는 진압한다. 그는 바닥에 누워 있고, 환각제 탄피가 흩어져 있고, 서른한 살이고, 트라우마 스트레스와 약물 중독이고, 군당국은 모르쇠, 2003년 침공 이후 5년의 끝이고.

—검색해 보면, 장면 하나

둑 아래 물가에 며칠 전부터 숨을 쉬지 않는 저 아이는 처음부터 왼쪽 팔이 없던 게 아니고 옷이 가난하여 웃통 벗고 누운 것도 아니고 언덕 위로 사람들을 모으려 일부러 헤벌쭉 고개 돌린 것이 아니라 뒷집에 그저 뒷집에 잠시 마을가던 길이었고 태어나기 전부터 있던 그 길 늘 그 골목이었고 다만 그날은 하늘에서 유성이

벼락처럼 처박았고 그 뒤 어떤 소리도 들리지 않았고 그밖에 아무런 간섭도 보탤 수 없는 아홉 살 우주라는 것뿐

　—장면 둘

한 여자가 입을 가리고 울고 있소 한 여자가 고개를 젖히고 두 손 모아 기도하고 있소 한 여자가 척추를 꺾고 수의를 뒤지고 한 여자는 돌아서 가고 한 여자는 저기서 또 다가오고 있소 하룻밤에 송장이 된 내 남정네는 어데 누워 있을까 여자들은 이 난리통에도 할 일이 생긴 것이오

　—지독한 장면 셋

조선바지핫바지는헐렁하여오래꿇어도주검까지오금이저리지않아좋았겠다

팔을들어뒤통수를감싼사람보다손에총을잡고선놈이더무서워서철모를쓰고있다

흑백사진시절백의민족사람들은눈에확띄어총에맞기참좋았겠다

　에필로그

그래도, 1950년 크리스마스, 대한민국 거제도에 SS Meredith Victory호는 도착했다. 바람 찬 흥남부두에 목을 놓아 울던 간난이가 하선하고 유조선 데크에 일만 사천 명 포갠 잠이 이를 털고 일어났다. 캡틴 라루, 성모상 앞에서도 자랑하지 않는데, 가끔 시

대 착오하는 이런 인간이 간혹 있기는 있어도, 전쟁광이 위인전의 영웅이고 칼 찬 장군이 사관학교 복도에 버티고 서 있는 한, 인생은 총알보다 가볍고 시대는 항상 정상이다. 아이리스 장이 자살하고, 이등병 죠셉 드와이어만 미쳤을 뿐, 전쟁, 심지어 달팽이 뿔이 거부해도 인간사에 여전히 늠름하다.

도리천 인출기

 비 온 뒤 바람도 산을 오르는 일요일, 지난밤 덜 깬 술기운을 따라간다. 불국사 옆 단풍나무 그림자 한 다발씩 밟고 석굴암 주차장에 닿는다. 천 원을 줘야 속 빈 소리 세 번 토해내는 종각 옆에서 흐르는 땀을 겨우 지운다. 온 김에 석굴암까지? 우선 매표소부터. 그럼, 세상에 공짜가 어디 있기로. 아뿔싸, 카드로 결제가 아니 된단다.
 "현금이 없는데요?"
 "매표소 옆에 저기 현금인출기 있어요."
 현금 인출기! 와우, 이 높은 곳에 즉석 현금 공장을 세우다니! 이 높은 곳까지 낑낑 밀고 지하 통신선을 허락하신 산신령님과 이 빈한한 주머니 사정을 미리 헤아려 주신 부처님의 혜안에 깊이 탄복하나니! 캬~ 역시 부처님은 진정한 승부사다. 두말없이 현금을 인출하고 극락표(?)를 산다. 현금 영수증 처리도 안 된단다. 또 와우, 이 처절한 자금 세탁력은 또 무슨 법력인가.

시퍼런 지폐 안에 든 위인이나 반질한 입장권 안에 든 부처나 그저 돈, 돈, 돈에 환장했구나. 불심을 길바닥에 투덜투덜 떨구며 구불구불 돌부처를 만나러 간다. 사실 부처가 바위로 현신할 때부터 돈과 함께했다. 꿈을 과감하게 현실로 실현한 김대성이 바위를 직접 쫀 건 아니지. 요즘의 굴삭기도 기름값부터 내야 팔다리 움직이는데 그 많고 오랜 석공들을 맨입에 부렸겠어? 돈으로 좌대를 깔지 않는데 부처가 돌 밖으로 걸어 나오시겠어? 결국 재상은 '돈굴'(동굴)을 쌓고 '돈부처'(돌부처)를 모신 거지. 미래의 어느 날, 해발 700미터에도 돈줄을 매설하고 돌처럼 변절하지 않는 첨단 앵벌이(?)를 앞세워 불자들이 손 안 대고 돈을 셀 수 있는 편의 시설을 마련하신 선지자. 크게 성공하신 이분의 행적을 듣는다면 싯다르타는 아마 돌—겠지 ㅎㅎ.

'접근금지' 부처는 은행장답게 의젓하다. 숨 막히는 흐뭇함에 다리 저린 줄도 모른다. 창구 뒤에서 방금 삼계탕을 먹은 표정으로 눈매가 느긋하다. 돌과 돈을 혼돈케 한 설법에 안티라도 걸까 봐 귓불을 아예 내려 버렸다. 눈길은 슬쩍 바다 쪽으로 빼돌려야 체면은 서겠지. 저 건너 왜놈을 지키겠노라 공약은 예나 지금이나 공약(空約)일 뿐. 행여 속셈이 새 나갈까 봐 옷자락도 찰싹 여미고, 감히 한눈팔까 봐 수하들 눈꺼풀도 잘랐다. 행여 얼굴에 저승꽃이 필까 봐 물기 한 톨도 들이지 않는 유리 벽. 오른쪽 들문에서 왼쪽 날문으로 지날 때까지 차마 손가락질은 못 하고 그저 열 손가락 모아 한 번에 욕을 염불하고 물러난다.

그래도 저 장엄한 흡인력! 수천 년 지나도 꺼지지 않는 불력(佛力). 하루 수천 명씩 돌과 돈을 거래하고 그 주리에 마음 챙기는 연꽃 미소. 돈은 악마이니 말끔히 내려놓고 그저 하염없이 오체를 투지하라는 돌부처의 수인(手印). 까짓 돈 서푼에도 무량한 안심입명을 건네주는 돌의 가피가 진정 거룩하지 않은가. 게다가 돈이란 돌고 도는 것이니 현금 인출기에서 **빼내** 매표소로 넘겨준들 내가 돈을 돌처럼 여긴다면 하나도 아까울 게 없지.

돌에게
돌을 바치고
두툼한 성심을 쌓으니
이 얼마나 남는 장사인가.

인간사 권력도 전쟁도 심지어 사랑도 돈이 트집인 게 많지. 그렇다. 흔적도 남기지 않고 그저 돌 위에 돌을 얹어 어느 돌이 내 돌인지 모르게 버리고 부처 앞에 다가서라는, 살면서 늘 무거운 그놈의 돌을 기꺼이 받아주는 보시함은 그야말로 자비의 화이트홀이다.

지상에서 가장 높은 현금 인출기까지 곁에 두고 주머니에 당장 없는 돈까지 버릴 수 있도록 배려하시는 부처님의 다정한 방편에 한기를 느끼며 일주문을 나선다. 인출기를 다시 본다. 기계 덩어리가 유리문 뒤에 서 있다. 머리가 없어, 돈을 찾는 사람이 들어서면 거울의 광배 안에 사람의 얼굴을 받아 제법 법신 같은 꼴을 갖춘다. 다시 매표소를 본다. 오호라, 매표소 직원도 유리 뒤에 앉았구나. 돈을 돌로 여기지 못하는 중생들을 위해 석가모니가 유리 뒤에서 몸소 돌이 되어 앉아 계시더니, 저 사람도 돈을 돌처럼 여기는 퉁명스러운 유리 부처였구나.

처처불상 사사불공이 토함산 언저리를 득실득실 붉게 물들이고, 그렇게 또 하루해가 뉘엿뉘엿 지나가고.

다시 『자본』을 읽자

『고병권의 자본 강의』 책을 받고, 늘 그러는 대로, 첫 속지에 '자꾸 책이 두꺼워진다'라고 썼습니다. 제 인지 능력에 견주어 그렇다는 말이기도 하구요. 머리로 아는 것보다 먼저 행동하는 의지가 턱도 없이 빈약한데도, 거름 지고 장에 가듯 애꿎은 책만 사들이는 불편한 마음의 기록이지요. 책이라도 가까이하여 사람이 좀 진중해야겠다 싶다가도, 두껍지 않게 그저 빈둥거리는 본연대로 살자고 이곳으로 왔는데 이러저러한 책만 눈앞에 두는 꼴이 또 가관이요 같잖다는 겁니다.

글자는 작고 페이지 수는 많지만 이 책을 읽으면 일단 재밌습니다. 같은 의미를 여러 방편으로 몰아세우는 저자의 문체가 처음엔 버거웠는데요. 읽어갈수록 그러한 서술 방법이 각 문장들의 의미를 서로 찰싹 달라붙게 하네요. 말하고자 하는 바를 촘촘하고 끈질기게 밀어붙이는 글솜씨에 탄복합니다. 갑갑한 여름날이지만,

벼포기들 통실통실 벌어진 배미를 흐뭇하게 바라보는 농부의 심정이랄까요. 그래서 책 속의 어느 글귀에 기대어 한참 멍때리는 때가 많습니다.

 이 책이 저의 행적에 든든한 뒷배이기를 조작하고 싶은 거지요. '돈벌이 일은 그만두자. 돈이든 물건이든 남겨 쌓지는 말자. 인간관계도 그리고 가족 간의 다정함도 사는 데 덤으로 요구하지 말자. 머리보다 손발을 따르자, 그것도 게으르게. 아침이라서 일어나는 게 아니라 내가 일어나면 아침이라고 치자. '지금'보다 미리 앞당기는 염려는 무시하자. 당뇨약도 먹고 라면도 먹고, 막걸리 먹을 땐 담배도 먹자.

 꼴랑 연금에 기댄 배짱일 수 있습니다. 당연합니다. 구걸하지 않을 만큼 매달 돈이 생기는데 그것만으로 살겠다는 거지요. 양의 진폭에 고민하지 않아도 되고, 쓰고 갚는 주기가 한 달이면 모두 해결되는, 그야말로 '자본'의 은총으로 자본을 깔보는 모순의 삶이지요. 초저녁 길을 설렁설렁 걸으며 멀리 앞산 위 별을 보면서 가끔 저는 이런 나를 스스로 위로하고 부러워합니다.

 뭔가 쓰는 일도 그렇습니다. 직업을 위한 일과를 버리면서 글도 쓰지 않기로 했었지요. 어쩌면 수십 년 직업 때문에 읽고 쓴 글들에 물렸을까요. 솔직히 글 나부랭이 꼭 읽고 쓰고 그래야 합니까?

책 속에 길이 있다고 하지만 사실은 길 위에 책이 있는 거 아닌가요? 게다가 요즘은 길보다 책이 더 많지요. 책이 아니었더라면 그저 몇 개의 길을 따라 심플하게 걸었을 텐데요. 또 어쩌면 책이 가려버린 온전한 길도 많을 겁니다. 오로지 책의 길에 사로잡힌 식자들의 아집, 문자의 사유에 놀아나는 이념과 주의로 서로 뻣대는 탁류들, 하물며 책 속에서 태어난 AI들의 반격… 책이 자랑도 많지만 흉도 못지않은 거 같습니다. ㅎ.

그럼에도 고병권은 "다시 자본을 읽자"라고 합니다. "우리 시대에 대한 비판을 가장 멀리까지 끌고" 가야 "우리 시대에 가장 가까이 다가설 수 있"다는 겁니다. 당파성이 난무하여 도무지 원조 인간이 뭔지 알 수 없는 시대인데요. 그래서 지금 우리가 『자본』을 다시 읽고 현실을 다르게 보려는 우리 자신을 일깨우고자 애쓰는, 고병권 교수의 따뜻한 속내로 말려드는 느낌은 어쩔 수 없습니다. 정복으로 인한 로마의 팽창이 역설적으로 로마를 멸망시켰듯이, 자본주의의 팽창이 자본주의를 망하게 할 역사적 운명임을 저도 믿고 싶습니다. 프롤레타리아트가 자본주의를 타도할 잠재적 혁명 세력이라면 저도 그들을 돕겠습니다.

이 책 2장에서 "마르크스의 특별한 눈"을 언급하는데요, 눈앞에 있는 것을 보고도 알아보지 못하는 눈, 시대를 통해서만 시대를 보는 눈, 시대의 역사성을 모르고 주눅 드는 눈, 우리의 그런 평범

한 눈을 질타하는군요. 그래서 특별한 눈을 키우자는 저자의 역설은 절실을 넘어 처절하게 들립니다. 과연 나는 나의 역사 밖에서 이 시대를 보는 눈을 가졌을까요? 눈앞에 놓인 시대는 같은데, 눈 안으로 드는 시대는 제각각인 실제, 과연 "마르크스의 특별한 눈"으로 교정이 가능할까요? 그렇게 되기를 기대하면서 이 책을 계속 읽고 있습니다.

그렇다고 '우선 나부터'라는 소시민의 부채 의식 같은 건 없습니다. 어쩌면 이 책을 읽지 않아도 저는 지금처럼 살겠지요. 물속에서 구부러져 보이는 젓가락의 허상에 끌려가기보다 '조건'에 따라 젓가락이 왜 휘어져 보이는지 가끔 곰곰이 생각해 보면서 말입니다.

제2부
K 이야기

그를 만난 날

 적어도 내가 아는 K는 초등학교 때부터 일기든 뭐든 글 나부랭이 같은 거 진득이 써 본 적 없는 위인이다. 그러던 그가 어젠 길다란 얼굴을 소주 넉 잔째 속으로 들이밀며 뜬금없이 인생을 곱씹는 방법을 찾는다고 했다. 십 대 시절, 교과서 밖 소설 몇 권으로 세상살이 또래보다 좀 더 아는 척 어깨 수그리고 다니던 그의 풍경이 생각났지만, 그런 빛바랜 사진 한두 장쯤이야 그나 내나 아무 역사에도 박힌 사실이고 보면, K가 중년을 넘은 나이에 일기라도 쓸까 불쑥 말했을 땐, 바닥 소주가 쿡 목젖에 걸렸다. 안주 나르던 종업원 아이가 지나갔길 망정이지 그 아르바이트생이 들었으면 아마 트레이를 엎었을지도 모른다. 7080 음악 탓인가. 그러고 보니 잔을 놓고 팔 뻗어 안주를 집는 그의 어깨 동작이 좀 서툴고, 윗머리 숲이 듬성했다. 든 자린 몰라도 난 자린 알더라고 터럭이나 근력 빠진 것에는 매우 민감한 놈이로군.

허, 저만 그런가. 우리 또래면 준 것도 없이 억지로 잃어버린 듯 애먼 술로 본전 만회하려는 미련 거지들이 되는 걸. 세월로 시든 게 아니라, 딴엔 제 뜻대로 살다 모진 척 술을 마셔 심신을 망친 것이라 엉거주춤 변명하는 시절. 갑자기 일기 타령할 만도 하다 싶었다. 그 짓이라도 하면 사우나실 모래시계 빠지듯 아래쪽만 거북하게 잡히고 갈수록 비어가는 위쪽의 허전함을 조금이나 채울지도 모르지. 일기라, 그래 좋지. 30년 40년 전 일들은 무심히 머릿속에 재현되건만 바로 어제 일은 까마득히 잊어버리기 일쑤 아닌가. 가만히 두면 언제 누구의 배경인지도 모르고 사라져 버릴 저 창밖의 눈 내리는 경치, 여기 술집 안에 떠도는 수많은 에피소드, 그림자보다 더 질기게 분별없이 깜깜해도 따라붙는 나의 헐거운 자화상들, 일기장에 그려 두면 어느 미래 지금보다 더 빈 시절에 배부른 쌀독이 되지 않겠나. 내가 기억하진 못해도 일기장은 추억하겠지.

 K의 말에 공감하느라 그 뒤 그의 말을 한참 듣지 못했다. 직장, 정치, 화장터, 자식, 연금, 내시경, 뭐 이런 낱말들만 창밖에 눈발 날리듯 희뜩희뜩 스쳐 갈 뿐이었다. 담배 있나, 결국 이 소리에 다시 눈길을 되찾은 나는 나팔꽃처럼 귀를 K의 입 가까이 대고 그의 말을 계속 들어줘야 했다. 우리가 이래 가까이 앉아 둘이서만 서너 시간 함께한 적은 참 오래되었다. 한동네에서 자라 대처까지 20여 리 자전거로 통학하면서 들길에 언뜻 번듯 들리는 말로 서로

대화를 나누던 그때 이후로, 따로 낯선 도시에서 대학을 넘기고 직장에 들고 결혼하고 그렇게 둥글어진 뒤 다시 만난 지는 겨우 두어 달이다. 그래도 우리는 그간의 세월 간극을 거의 느끼지 못했다. 자주 만나지 않아도 어색하지 않아 좋다던 하회마을 물돌이 모래사장에서 했던 말이 큰 부적처럼 우리 사이를 부패시키지 않았나 보다.

 꼭 내가 하는 말을 내가 듣고 있는 듯 K의 말은 거름종이 없이 내 몸에 스며들고 있었다. 정작 글 나부랭이를 쓰고 싶다고 평생교육원의 무료 문학 강좌를 멋쩍게 수강하고 있는 내보다 K는 훨씬 더 적소의 언어로 자신의 이야기를 돈 안 드는 안주처럼 받아내고 있었다. 갑자기 나는 내가 그의 말을 적어두고 싶다는 생각을 했다. 그는 말을 하면서 제 기분을 채울 것이지만, 정작 그의 말을 듣고만 있는 나는? 내가 그의 말을 주워 일기로 쓴다면, 그는 말을 해서 제 술기운을 달래고, 나는 글을 써 내 빈 시간을 메우고, 누이 좋고 매부 좋고. 네 말과 내 일기, 어떠냐. 마음대로 하라 했다. 대신 술값은 내가 내란다. 입만 산 선생이 무슨 돈이 있냐고. 게다가 아이 셋이 대학을 다닌다고 미리 엄살을 세운다.

 K가 어느 사립학교에 들어앉은 지 올해로 20년이란다. 서른이 넘어 시작한 일이 긴 세월 밥줄이 되어 이젠 쉬 자를 수 없는 사슬로 감겼다고. 신발을 사러 가도 철럭철럭 티가 난다는 K는 담배

연기도 학생처럼 입 구석으로 피식 뿜어내었다. K의 동창들은, 나도 그러거니와, 그가 교직을 잡았다는 소식이 돌았을 때, 분명 국어 선생일 거라고 뗀 입이 엇갈리지 않았다. 그런데 영어 선생이라니. 고등학교 시절, 영어 시간에 교과서 한 페이지로 한 학기 수업을 눈 뜬 몽유병 환자로 지내던 그가 혀 짧은 영어 선생이라니. 요지경이라고 우리는 웃었다. 그 말에 그도 웃었다. 어쩌다 그렇게 되었다는 말뿐, 내력에 대한 자초지종은 맥주 한 모금과 땅콩 하나로 일소해 버려 더 이상 알 순 없지만, 그가 그리 자신의 과목을 자랑스레 여기지 않음은 분명했다. 네 성미에 참 오래 견뎠구나. 그래, 그래서 이제 그만두고 싶다. 아니, 몸은 어쩔 수 없이 계속 다닐 진 몰라도, 더 이상 교직이 천직이라 떠벌이고 싶진 않다. K의 저 말을 믿어야 하나. 직업 선호도 첫 자리가 교직인데, 게다가 별난 재주도 없는 그가 저런 사치스런 말을 술김에 뱉는데, 쥐어박아야 하나.

그럭저럭 소주 세 병을 비웠을 때, 나의 고막과 뇌의 기억 장치 사이에는 벌써 레테의 강이 넘실거렸다. K의 눈꼬리도 더욱 늘어나 언저리에 주름이 쌓였다. 결국 우리 목소리가 술잔보다 높이 튀어 오르고 서로의 말거리가 허청거리기 전의 그의 마지막 말만 기억난다. 매달 마지막 주 금요일 밤에 만나잔다. 저녁은 각자 알아서 먹고 오늘처럼 일곱 시쯤 이 집에서 보자고 한다. 자기가 교직을 그만둘 만한 구실을 한 달에 한 가지씩 챙겨와 나를 설득할 테니 알아서 하라 한다. 뭘 알아서 하라는 건지 몰라도 제 딴엔 꽤 진지한 표정으로 말했다. 이 친구야, 세상이 어디 네 마음이더냐. 세상은 너나 나를 지푸라기만도 못하게 볼 수도 있지. 그리고 뭐 세상과 꼭 멀어져야 할 사연만 있는 게 아니야. 네가 모가 나서 외통수라 그런 거야. 세상엔 세상을 사랑하도록 하는 사연이 더 많아, 안 그래, 에라 이 친구야, 지 못난 건 모르고, *끄*윽…….

설치류

 K는 개량 한복을 양복보다 자주 입고 나다닌다. 영어 교사라 하기엔 첫 판단이 불편하지만 그는 짐짓 편하다는 쉬운 말로 상대의 거북을 젖혀 넘긴다. 제멋에 겨운 능수버들이야 어쩔까마는 가끔 친구인 나도 그의 야비다리를 숨겨주고 싶을 때가 있다. 오늘도 통도사 지장암 주지 같은 누비 한복 자락으로 툭툭 어둠을 털고 문턱을 넘어왔다. 버릇대로 K는 거울을 마주하지 않는 쪽에 골라 앉았다. 이미 반쯤 몸을 내린 술병의 속살을 가늠하더니, 한숨부터 자기 잔에 채웠다. 저녁은 먹었는가. 대답으로 배를 누르며 술잔을 진하게 빨아들였다.

 K와의 대화는 단순하다. 신문을 보지 않는 그와 일상적인 허두를 잡아내기는 어색하다. 그럴 바엔 나도 아예 본론부터 치고 들기 일쑤다. 그래, 약속한 날을 사흘이나 당겨 만나잔 이유가 뭔가, 어데 아픈가? 한 잔 더 부어야 할 뜸이다. 술을 가까이하는 자들

의 고약한 습성이라면 술과 몸이 섞이기 전까진 마음을 꽁꽁 꾸둥 치다는 것이다. 스스로 혀를 방임할 용기가 없는 탓도 그렇지만 삶아도 걸레일 뿐인 저 거들먹은 차마 눈꼴사납다. 그러려니 하고 나도 마땅한 신소리가 모자라 엉거주춤하던 사이, 그가 들어서며 추가한 골뱅이 안주가 합석했다. 금요일이 졸업식이네.

자네 딸이 사범대 다닌다 안 했나? 그래, 철밥통이 질긴 밥통이 잖는가. 재밌다 하는가? 아직이야 옆구리 책 끼고도는 재미로 별 탈 없네. 그런데 갑자기 웬 사범대? 그렇지, 자네가 예쁜 쥐를 키우고 있는 것 같아서 말이야. 쥐라니? 그래 쥐. 아무 죄도 없이 햇볕에 못 나서는 쥐. 수염 난 벼슬밖에 없는 사이비 고양이에게 몰리는 쥐. 살려고 제 이빨을 쏠고, 넘어지지 않으려 제 꼬리를 끌고 다니는 쥐. 빈 천장을 종종걸음으로 건너다 사람 소리라도 나면, 제 존재를 버리고 굳어 기다리는 쥐. 쥐는 죄야. 자네가 그런 쥐를 키우고 있단 말일세. 자네가 그런 죄를 터 잡고 있단 말일세. 무슨 소린가. 대체, 우리 딸이 생쥐란 말인가?

나무가 자라면 어디가 자라야 하는가. 저 상수리나무가 도토리 밖으로 나설 때, 무엇부터 염두에 두는가. 나무가 나무라면 무엇을 가리켜 나무라 하는가. 보이지 않는 지하의 뿌리가 넓고 깊으면 나무라 하는가. 바람에 줏대 없이 흔들리고 싹을 주고 잎을 뇌물하여 빛을 구걸하는 지상의 가지가 길어지면 나무라 하는가. 밤과 낮처럼, 자존과 비굴처럼, 지평으로 엇갈린 뿌리와 가지가 도대체 한 나무인가 말이다. 지구가 흔들리지 않게 옭아매는 것은 뿌리지. 매향(賣香)의 꽃과 아첨의 열매가 향일성이라면, 땅을 쥐어뜯고라도 가지의 풍파를 지탱하는 뿌리야말로 진정 나무가 아니겠는가. 나무는 위로 자라는 것이 아니라, 보이지 않는 아래로 깊어지는 것이라네. 그러나, 이 시절에 누가 감히 땅속 나무를 더 사랑하는가.

저놈의 말 같잖은 말도 끌림이 되어 소주가 한 병 더 곁에 앉았다. 죄가 된 쥐와 아래로 자라는 나무. 그리고 내 딸. 미늘과 찌와 물고기처럼 선뜻 한 타래로 이해되진 않았지만, K의 어수선한 마음의 갈래는 동정이 갔다. 그래, 뭔가 제대로 맞물려 돌아가지 않는 게다. 세상일이 로렉스 톱니처럼 재깍재깍 맞아 돈다면야 소주가 뭔 소용이며 혈압약을 상비할 까닭이 없지. 태양이 뜨고부터 그림자는 길어졌고, 생각이 트고부터 생트집이 반나절이었지. 제 꾀에 걸린 세상은 늘 불만의 타향이었고, 그 불평에 혜안은 흐려져 저만 외로운 거야.

내가 요즘 자꾸 쥐가 되어가고 있는 것 같아 부끄럽네. 어미가 고양이라 어쩔 수 없이 고양이로 태어난 얼치기 수염의 고양이들, 교무실에 행정실에 도서실에 크고 작은 놈들이 가득한데, 속 시원히 그들과 대거리 한번 못하고 마치 죄를 지은 쥐처럼 낮에도 밤인 양 구석에 웅크려 숨어드는 꼴이, 내가 영판 쥐꼴이란 말이야. 더군다나 똥인 줄도 모르고 사향커피가 최고라 쳐 받드는 딸랑이 고양이들이 득실거리는데도 차마 그들의 취향이 아니꼽다 말도 못 하는 내가, 자꾸만 낯설어진다네.

 가끔은 내가 오리지널 쥐의 본질로 태어난 것이 아닐까 자괴하기도 하지. 왕후장상이 따로 없다는 부정의 목소리는 긍정의 현실에 발을 묶고 목청만 높인 절규가 아닌가 말이야. 학교가 고양이족들의 아지트로 꾸며지는 걸 뻔히 보면서도 감히 쥐로 난 몸이 고양이와 맞댈 수 없다는 천부 의식에 굴종하는 내가, 선생이랄 수 있는가 말이야. 학생들 앞에서 서푼 말 자배기로 나뭇가지처럼 손발만 흔들어 대는 내가, 부동의 뿌리라곤 없이 늪에 뜬 부목 같은 내가, 오늘을 외면하고 내일을 역설하는 이 비겁의 설치류가.

 자의식은, 이 사람아, 덕에 해롭네. 뒤집어 보면 그것도 자기 우월과 오만의 가면을 쓴 시늉 아닌가. 너무 나대지 말게. 자네가 뭐라고 이 번다한 세상을 간섭하려 하는가. 자네나 나는 없어도 있어도 그만인 지푸라기 뭉치일 수도 있다잖는가. 쥐면 어떻고 고양이면 어떤가. 고양이는 개 앞에 기고, 개는 범 소리만 들어도 줄행랑인데. 그래도 쥐 정도면 두지 서넛 가진 사람들도 겁내는 게릴라 아닌가. 허허. K의 눈알은 흐려지고 있었고, 그건 위로도 변명도 아닌 그저 안줏감이라는 듯, 거푸 한 잔을 더 입으로 당겼다.

나도 무거운 잔을 다시 들었을 때, 갑자기 쥐 소리가 났다. 술을 빨아들인 K의 입에서 찌이익 쥐 한 마리가 빈 잔을 울렸다.

쥐꼬리에 닿은 듯 나는 화들짝 발바닥을 바닥에서 떼어 들었다. 술병도 네 발 오그린 쥐처럼 보였고, 골뱅이무침에 든 건포도는 쥐똥이 분명했고, 팔짱 끼고 수그린 K의 상반신이 꼭 쥐틀에 낀 쥐새끼 같았고, 옆 테이블 작자들의 두런두런 뒷말도 천장을 오도당대는 쥐 발소리였다. 세상이 변화하는 촉매로 술보다 더 확실한 것은 없다. 내 의지와 상관없는 세상을 내 의지와 상관없이 바꾸고도 술은 여전히 내 몸속에 남아 넘치고 있었다. 화장실을 가려 일어서는데, 앉은 의자 아래 숨어 있던 쥐들이 한꺼번에 찌이익 단말마를 질렀다. 거봐, 이 사람아, 말조심하게. 어데나 쥐들이 죄다 엿듣고 있질 않나 말이야. 예부터 여기는 원래 쥐들의 세상이란 말일세. 끄으윽. 자네 입에 넘나들던 쥐가 내 입에 오줌을 쌌나, 어째 찌린내가 목구멍을 치오르는구만.

어젠 내가 K보다 먼저 취했다. 집에 오며 딸과 나눴던 전화 내용은 아직 기억나지 않는다.

식물의 시간

 어제도 내가 먼저 술집 문지방을 넘어 이십여 분 기다렸다. 파블로프 개처럼 내 얼굴만 보면 소주에 어묵 한 사발을 날라다 주는 주인장의 소매가 오늘은 길어 보였다. 연말 술추렴으로 거나해진 말꼬리들이 둘레에 와자했다. 내 앞에 놓은 병 속에도 액화된 스토리들이 가득하겠지. 요즘은 자기를 씹으며 자작(自酌)하는 이가 드물고, 다들 시대나 타인들을 안주 삼아 술을 축내는 치들이 넘너른하다.

 소주병은 왜 푸른색일까? 눈에 거슬림이 적어서일까? 모가지는 왜 좁을까? 한꺼번에 속을 쏟아내지 말라는 격언이겠지. 머리 없는 푸른 폭발물 같다. 뚜껑을 열면 바스티유 옥문 밖으로 분출하는 폭음. 태울 소(燒)에 술 주(酒), 태운 술이라는데, 속이 탈 때 먹으라는 건지, 먹으면 속이 탄다는 건지 몰라도, 내 입엔 소주가 좋다. 증류수에 알코올을 섞은 이 단순하고 맑은 술에 걸러 나오는 수많은 앙금을 모으면, 우리나라 사람들 모두 시인이 될 거라는 K의 호언난설을 떠올리며 히죽 웃을 때, 그가 술집에 들어왔다.

 석 잔 덜어 낸 병을 밀쳐 버리고 그가 '처음처럼'이라는 소주를 새로 시키자고 했다. 그 이름이 낯설진 않았지만, 의뭉한 두꺼비 옛말한다고 그의 까탈에 미리 불안했다. 무슨 일로 애꿎은 소주병 이름을 갈아치우는가? 소주면 다 같은 술인데. 그렇지, 맛이야 같지. 그래도 오늘은 이름값을 믿어보세. 좋잖아, '처음처럼.' 그 '처음'이 어리고 순진하고 무구하다는 말과 통한다면 말이야, 한 번쯤 그 '처음'을 기억하고 추스르는 것도 좋잖아. 사실 어리고 순진하고 무구함의 반대 속에 뒤섞여 살아야 하는 처지를 잠깐 비껴보자는 말장난인데 말이야. 그래도 염불할 때만 중이면 되듯이 우리도 술 마실 때만이라도 '처음처럼'이면 그나마 행복한 거잖아.

 연말 상여금 듬뿍 받은 가난한 월급쟁이처럼 그는 들떠 있었다. 평서문의 끝 억양이 상승세인데, 우리 만남을 그만두려는 심사가 숨어 호들갑 부리는 건가 직감했다. 올 한 해 은행 일은 어땠는가? 뜬금없이 어른값 떨며 내 안부를 물었다. 그러는 자네는 올 한 해 학교 일은 어땠는가 묻기를 기다렸다는 듯. 그는 내 답을 듣기 전에 자신의 쟁여 둔 넋두리를 풀기 시작했다.

 동물의 시간은 끝나야 한다고 생각하네. 이 마을 저 마을 여행

하다 수백 년씩 된 보호수 아래 들면 말이야. 식물의 세월 앞에 기가 눌린 적 없나? 그야말로 하늘을 덮은 품. 사람에 비하면 그들은 붕새야. 가끔 속통조차 잃고 껍질만으로 푸른 잎을 띄우는 그들의 의지. 어쩌다 찍힌 도끼 자국 같은 건 안으로 말아 보듬고, 어쩌다 부러지거나 마른 가지도 함께 거느린 채, 해가 지나면 그 길로 얼굴 내밀고, 물이 스미면 돌 틈까지 뿌리로 마중하지만, 한 번도 다른 세상을 꿈꾸지 않고 오롯이 한곳에서 하늘과 땅을 깁고 선 그들의 평정. 시간도 모르게 처음 그대로 살아온 그들의 소박.

동물은 요란만 떨지 않는가 말이야. 한 가지에 기댔다 바람에 몸을 파는 새처럼, 여기서 저기로 옮기는 날개 아래는 온갖 구실과 변명의 양력이 필요하잖아? 눈알 굴려서 염탐하고, 귀 세워 엿보고, 뾰족 주둥이로 파고들어야 한 자리 옮겨갈 수 있잖아. 동물의 손발에서 자라는 톱들은 수탈의 무기야. 동물의 눈에 피는 꽃은 선제공격의 전략, 태양을 받아들이지 못하는 동물의 껍질은 한갓 전사들의 갑옷일 뿐이야. 이 어처구니없는 소란의 끝은 말이야. 불쌍하게도 처음처럼 말도 못 하고 듣지도 못하고 수족의 의지도 마비되는, 결국 제자리로 돌아가는데 말이야. 제 표적을 알면서도 시위를 떠나는 화살의 운명처럼 말이야.

식물들은 학교가 없지. 그들은 다른 둥치들을 불러 모아 그들의 문화를 가르치지 않거든. 어느 한 자리 햇살과 흙과 바람과 물, 지상이 마련한 이바지만으로 기꺼이 수백 년 배부르다는 거야. 나무는 나무대로 풀은 풀대로, 산정이든 혹은 물속이든, 며칠이든 몇백 년이든, 나름의 자리를 지켜주는 식물의 시간으로 돌아가야 돼. 동물의 시간은 이제 끝장이야. 왈~ 왈~

  그는 한참 더 자신을 까집어 안주로 늘어놓았다. 속이 타는 모양인지 거푸 물까지 마셔가며 자신의 앙금을 걷어내고 있었다. 교직 생활을 그만두고 고향으로 돌아가고 싶다고 나지막이 말하기도 했다. 나무 심어 열매 달고 풀 심어 찬거리 놓고, 삽으로 흙의 깊이를 알고 호미로 땅의 무늬를 배우고 싶다고 했다. 그런 생활이 식물의 시간 속으로 드는 길일까? 매일 결재하는 은행 업무의 화폐 숫자를 내가 잊을 수 있는 방법일까? 그렇게 하면 학생들에게 동물의 문화를 전수하는 자신의 이면을 용서받을 수 있다고, 술김에 호기를 부리던 그가 차라리 부럽다. 진정 그가 학교를 그만두고 식물처럼 살러 가버리면, 이 도시에 남은 나는 과연 견딜 수 있을까?

  '처음'은 무엇일까? 식물의 시간보다 바람의 시간, 물의 시간, 태양의 시간은 누구의 처음일까? 지구는 처음과 끝이 잇닿아 돌고 있는데, 그럼 지금 이곳이 처음일 수도 있을까?

  오늘 새벽에 꿈을 꾸었다. 벽을 밀고 있었다. 벽이 밀리지 않았다. 벽에 밀려 내 발이 밀렸다. 벽과 멀어지고 몸이 낮아졌다. 벽과 수직이 되었다. 방바닥이 벽이 되었다. 바닥을 또 밀었다. 바닥이 밀리지 않았다. 바닥에 밀려 어깨가 솟치고 몸이 높아졌다. 바닥과 예각으로 고개를 들었다. 벽이 아직 보였다. 발끝은 방바닥에 박혔고, 벽은 머리 위까지 솟아 있었다. 더 이상 밀기를 포기했다. 털썩 몸이 바닥이 되었다. 문득 몸이 벽에 붙었다. 갑자기 몸이 천장에 달라붙었다. 바닥과 벽과 천장이 둥글어졌다. 회전했다. 그때 아내가 방문을 열고 들어오지 않았다면, 나는 지금까지도 어지러운 꿈속에서 헤매고 있을까.

오후엔 뒷산을 걸어야겠다. 구불구불한 산의 말을 더듬으며 등줄을 식혀야겠다. 다음에 그를 만나면 내가 먼저 다그칠 수 있도록 좀 더 치열하게 살아야겠다.

겨울을 모르는 나무

어젠 K가 나를 기다리고 있었다. 겨울 방학이 끝나고 기숙사로 가는 딸의 짐을 옮기느라 피곤하여 잠시 들른 사우나에서 깜박 졸았던 것이다. 멀리까지 운전해도 눈알이 주변과 도로를 살피며 반들거리던 때도 있었지만, 요즘은 운전석의 두어 시간이 재대 말엽처럼 길다. 그래도 한 달에 한 번 약속을 미루지 못하는 것은, K를 체면치레로 만날 수 없는 기억의 고리 때문이다. 대학을 담 너머 불구경하듯 진학의 까닭을 몰랐던 나의 시절, K는 내가 일하던 생맥줏집을 사흘돌이 찾아왔었다. 그의 호기가 나를 설득했는지 가늠은 안 되지만, 나의 기억은 늘 그에게 빚을 품고 있다. 삼십 년의 길미를 붙여 갚아야 할 때다.

밥은 먹었는가? 저놈의 주둥이는 원체 메말라 걸레라도 적셔야 트이더니, 어젠 웬걸 내 인사말이 채 건너기 전부터 그의 입가에 미소가 차려 있었다. 왜 그런가, 꼭 지각생 후리는 무근디 학생부

장 같구만. 숨긴 폐병이라도 나았나? 대답 먼저 잔을 치고 함께 들자는 시늉으로 고개와 손목을 까닥했다. 역시 술로 속거래하는 버릇이 우리에겐 어울려. 빈 식도를 타는 술은 오늘 낮 햇살보다 따뜻했다. 잔 내리고 숟가락으로 오뎅 국물 떠 넣는 시차가 줄었다. 거듭 한 잔 더 권하는 손끝에 축축한 그의 말이 묻어왔다. 우수가 지났지 않은가 이 사람아. 내일모레가 경칩이야. 내가 벌레보다 못해서야 되겠나? 지난달 술 뒷수쇄가 힘들었나, 저 친구가 오늘은 처음부터 부리망을 채우려 드네. 좋으니 좋군, 아무려나 한 잔 더 하세. 장진주에 유유음자유기명이란 말이 있네. K는 혼잣말을 하고 거푸 몇 잔 또 쥐소리를 내며 빨아들였다.

누군가에 뭔가 들킨 사람처럼 K는 고개를 숙이고 말했다. 겨울을 이기지 못하는 화초들은 버리기로 했네. 시골집에 게발선인장 말이야. 방안에 옮겨 놓았는데도 잎이 다 말랐더군. 주말에 한 번씩 넣은 전기판넬의 온기로는 살 수 없었던 게야. 온몸이 동상으로 쭈그렁 방퉁이가 되었더란 말일세. 그럼 어쩌란 말인가. 계절을 미리 당길 수도 없고, 내가 어쩌란 말인가? 제 몸 제가 스스로 데워 겨울의 횡포를 이겨내지 못하는 놈을 더 이상 보살필 용기가 없었네. 밖에다 내놓았지. 이왕 안에서도 견디지 못하는 겨울, 밖에서 겨울과 대거리로 죽든지 살든지 전투 마당을 펴 주었지. 승패는 아직 모르네. 지구가 돌아 다시 봄이 안마당에 앉아 놀아도 좋을 때쯤, 선인장의 생사는 드러나겠지.

이 땅은 사계절의 나라야. 어릴 적부터 타국에서 자란 것들이야 덥고 추운 날이 한곳에 있는 야누스 땅을 알 리가 없지. 이 땅의 흐름에 단련되지 못한 족속들. 내내 뜨거운 햇볕과 뜨스운 바람에 편승하여 피를 돌리고 살을 붙이던 화초들은, 피를 감추고 살을 굳혀야 살아가는 겨울의 생존전략을 모른다네. 더군다나 나는 보살핌의 손씀도 귀찮아진 좀팽인데, 추우면 추운 대로 제 몸 살려낼 근본과 요령이 없는 것들을 나는 더 이상 어쩔 수 없네. 잔인하다 하는가? 겨울을 모르는 선인장에게 겨울로 팔아치운 어느 수입업자가 더 잔인하지. 겨울을 둘러막아 소통 없는 온실로 꾀인 어느 정원사가 사기꾼이지. 나는 더 이상 선인장이 될 수 없네.

삐뚠 웃음을 가끔 끌며 풀어내는 K의 말이 흰소리만은 아니었다. 선인장을 빗대 정치판을 말하는 건지, 학교생활의 변태를 변명하는 건지, 아니면 올해 모두 대학으로 진학하여 집을 떠나는 그의 자식들에게 미룬 말인지, 굳이 가릴 필요야 없었다. 넘을 만큼 넘은 술기운이 온몸으로 번져 얼굴과 뱃가죽을 뚫고 탁자 위에서 어룽어룽 겨루고 있었다. 자네도 어쩔 수 없군. 겨울엔 만사 불협이더니, 봄이 되고 구석 눈이 녹으니 자네도 풀리는 모양이야. 그래, 세월 따라 살아야지. K가 삼십 년 전 생맥주 잔에 빠진 나를 건지려 하던 말을 내가 재생하는 것 같아 기뻤다. 그동안의 세월이 그와 나 사이에서 뭉텅 잘려 나갔다. 세월은 늘 뒤에서 꼬리로 길어질 뿐, 그와 나 사이에 벽으로 쌓이진 않았다.

그래도 이 사람아, 어쩌겠는가. 겨울이면 겨울인 채로 꼿꼿하게 하늘로 치든 들판의 나무들을 생각해 보게. 비록 온실 화초처럼 푸른 잎을 휘두르진 않지만, 그들의 메마른 몸이 생을 버린 것이 아니질 않나. 그들의 피와 살이 봄을 잊은 것은 아니지. 설사 삼월의 햇볕이 따사롭지 않아도, 그들은 사월까지 오월까지 버틸 것일세. 그들의 피는 하늘 맞닿은 저 바다에 그득하고, 그들의 핏줄은 낙동강 굽이굽이 파고 흐르질 않나. 바위가 풍화해서라도 그들의 힘살은 대지를 움키고, 아무리 찬 햇살 속에서도 그들의 푸름은 스펙트럼으로 남는 거야. 이 사람아, 자넨 나이 들수록 술은 줄고 언술이 느는구만. 허허, 가시를 떼면 그 자리에 웃음이 나지. 허허, 웃는 K를 넘보고 나는 빚 청산을 위해 횡설수설했다.

겨울은 역경이 아니라 휴식인 게야. 겨울 앞에서는 겨울을 깔보는 배짱이 으뜸이지. 겨울이 두 손 치켜들고 설쳐대면, 나그네가 곰을 피하듯 내 몸 굳히고 내 피 감추고 겨울의 엄포를 무시하는 거야. 겨울을 떠나 따뜻한 나라에 살고 싶어도, 이 땅에 박힌 뿌리가 옴짝하지 않는 걸 어쩌나. 살다가 한 서너 달쯤 쉬며 낭패를 보는 것도 좋지 않겠나. 겨울이 괴성을 지르며 가지 끝을 후려쳐도, 뽀지직 땅을 세워 서릿발로 위협해도, 모르는 척 눈 감고 혀 내리고 동안거에 드는 거야. 제깐 겨울이라도 바다 바닥까지 얼리진 못하고, 제아무리 동장군도 대지의 속살을 도려내진 못하겠지. 겨울은 이 땅의 나무들을 쉬게 하여 더욱 멀리 뛰는 뒷다리의 비축이라 하세.

어젠 K의 데설웃음을 달래기 위해 노래방엘 갔다. 그의 「떠나가는 배」소절을 귓전에 걸고, 집에 와 장진주의 구절을 찾아보았다. 고래현달개적막(古來賢達皆寂莫), 예로부터 현자 달인이 모두 적막하였거니, 유유음자유기명(惟有飲者留其名), 다만 술을 마시는 자만 그 이름을 남기리라. 허허.

벚꽃 순례

 음식점 문을 열고 들어서는 K의 뒤 배경이 제법 흐릿하게 보였다. 시절은 어김없이 앞선 시절을 따른다. 낮의 잔상들이 스러져 가는 햇빛에 기어이 매달리는 억척으로 밤은 조금씩 제 몸길이를 줄여주고, 햇살이 넌지시 담 너머 양지에 재어놓은 온기로 매화는 벌써 두 눈 연붉게 뜨고 창 안을 들여다보았다.

 이 봄날의 캔버스 한가운데를 구기며 들어서던 그의 모습이 왠지 오늘 아침까지 스냅으로 남아 있다. 오래전 서울 봉천동의 봄을 뒤로 접고 나를 찾아오던 그의 모습과 겹친다. 그러고 보니 우리 둘이 만나는 순간은 대체로 나는 앉아서 문 쪽을 보고, 그는 오른손으로 문을 밀고 왼손으로 어깨 가방끈을 잡고 두리번거리며 나를 찾아내는 장면이 많다. 그는 그렇게 안과 밖을 드나드는 유동체요, 나는 늘 어느 한곳에 붙잡힌 고정물인 것처럼.

봄인데 어데 꽃구경이라도 갔었나? 이틀 전, 그러니까 수요일이었군. 내가 맡은 반 학생들 데리고 요 앞 아파트 단지 내 벚꽃 구경 왔었지. 해마다 저지르는 일이라 내 나름대로 벚꽃 순례라 한다네. 허허, 자네나 내가 나이 들어서 그렇지, 내가 가르치는 학생들은 늘 열일곱에서 열아홉 살, 그야말로 살이 터지는 아이들이거든. 가지가 터져 연분홍 속살을 흐드러지게 풀어놓는 벚나무 아래서 발광하는 아이들. 그날만은 범생이들도 농땡이들도 다 한마음이야.

 봄이 좋기도 하지만, 몸이 봄보다 더 아름다운 아이들. 제 몸이 봄인 줄 모르고 꽃 피는 시절을 보내는 아이들. 고3 수험생인들 어쩌랴, 소리든 시선이든 손짓이든 가끔 밖으로 드러내고 퍼질러지는 순간이 필요하다고 생각하네. 한 시간의 순례가 삶의 충실을 굳힐 순 없지만 학교로 다시 돌아오는 아이들 발바닥을 끈적거리며 땅에 달라붙도록 할 순 있지.

 우스운 건 말일세, 아이들이 한참 꽃처럼 휘날리는 중에 그 근처 기동대에서 순경이 스쿠터를 타고 나타났다는 것일세. 허 참, 누가 신고를 했던 거야. 백주에 교복 입은 여학생들 사십여 명이 와자글 와자글하니, 매스컴에서 자라 보고 놀란 어른들이 지레 채어 경찰에 알린 모양일세. 더욱 가관인 것은, 그 순경 왈, "요즘 학생들 잘 다뤄야 합니다. 어젯밤에도 한 사건 났잖아요. 모르십니까? 요즘 학생들 진짜 조심해야 됩니다." 누가 누구에게 훈수하는지 참, 그저 웃어 주었네. 개 눈에 똥이라고, 그의 눈엔 학생들이 용의자로 보이는 건가. 말이야 바른말이지, 자네나 내가 자라던 시절의 학생들이 더 왈패요, 진짜 짐병 사납지 않았나 말이야. 아이들은 언제나 아이들일 뿐이야. 그들을 의심하는 것은 어른들의 흐려진 순수 때문인 게야.

나무는 해마다 피는 꽃을 절대 의심하지 않는다네. 꽃잎에 흠을 씌우는 것은 나무가 아니지. 누가 꽃잎이 더럽다고 나무를 욕한단 말인가. 사람이 어머니의 살을 트고 태어날 땐 모두 맑은 연분홍이었어. 나무가 꽃을 피울 땐 그 낱낱의 꽃자리를 모두 마련했던 거야. 하나도 꽃 아닌 꽃은 없어. 모든 꽃은 여름의 이파리와 가을의 버찌를 위한 나무의 시작이야. 꽃은 한때지만 꽃이 없으면 나무도 없는 것을, 나무가 어찌 꽃의 시절을 잊을까. 사람이 나무보다 못한 까닭에 나무가 사람보다 오래 산다네.

자기 반 학생들과의 카톡방에서 K는 그날 찍은 사진들을 보여 주었다. 안경이 없어 흐린 풍경이었지만 좁은 휴대폰 화면을 비집고 나서는 학생들의 얼굴과 그 뒤 하늘을 받든 벚꽃들의 어울림이 아련하게 술술 목구멍으로 넘어갔다. 나도 학창 시절이 있었구나. 비스듬히 흘러내린 반월성 성벽에 아름드리 벚나무들이 달빛에 꽃잎을 켜고, 박물관 옆 내리막길로 자전거를 튕겨내던 그녀들의 화려한 궁궐, 야간 자습 마친 밤길, 꽃을 품지도 잊지도 못한 채 들길을 건너 집으로 오던 시절, 고향 집 녹슨 일기장에 접혀 있는 시절. 그런 시절의 아이들과 늘 함께 생활하는 앞자리의 K가 문득 멀어져 보였다.

 이 땅의 아이들은, 꽃을 모니터 속에서 만나고 바람을 에어컨 앞에서 헤어진다. 나무는 미술학원 붓끝에서 자라고 매미는 수면 장애의 적으로 운다. 아버지는 햄버거 봉지 뒤에 서 있고 외할머니는 명절 마루 끝에 보따리를 들고 있다. 이 땅의 아이들은, 세발자전거를 타도 입시 규정에 맞추고 동화를 읽어도 스펙을 쌓는다. 부르고 싶은 노래는 아이돌이 벌써 다 불렀고, 즐기고 싶은 오락은 게임기가 이미 다 놀았다. 아침부터 밤까지 시대의 몫을 구걸하는 아이들, 가족은 성적 아니면 그만이고 사랑은 연속극 광고일 뿐이다. 그래도 원망을 모르는 이 땅의 아이들을 위해 이 땅의 어른들은 열심히 불염치약을 먹는다. 술에 타서 방부제가 될 때까지 먹는다.

 밤이 짧아진 모양이다. 어둑한 지 얼마 아닌 듯해도 어젠 자정을 넘겨 집으로 왔다. K를 만나고 오면 지나버린 내 십 대 시절이 슬그머니 아파트 현관까지 따라온다. 과거는 효모인가, 괴어 술이 되기를 바란다. 그렇지 않으면 일정한 일상 속에서 가끔 K와의 일탈이 연휴처럼 반갑다. 콘크리트 시간 속에 갇힌 고3 수험생들에게 일탈의 시간을 마련한 K도 아마 자기의 지난 시절을 이어가려는 수작이었으리라. 어른으로 현실과 타협하면서, 그것도 일선 교사로 학생들의 짜인 일과를 재촉하는 자신의 직업에 대한 변명의 구실이었으리라. 음흉한 친구 같으니.

화려한 교육

 꽃이 피는 것은 잎이 나설 자리를 마련하기 위한 구실인가. 지나는 눈길마다 꼬드기던 인기몰이 벚꽃도 다 지고 그 벼랑에 대신 푸른 날을 세운 잎들이 방패처럼 돋아나 있었다. 모퉁이를 돌 때마다 버릇으로 그 집 담장 너머 몇 그루 나무들을 쳐다보았다. 강물로 흐르는 시간 중에 드문드문 보는 나무라서 그런지 볼 때마다 계단처럼 불쑥 변해 있었다. 겨울 가지에 가로등 불빛을 만나 하얀 눈꽃으로 살을 덮던 나무였다가, 아무도 볼 수 없는 가지 깊숙한 곳으로 물을 길어 아무도 보지 못한 시간에 제 살을 트고 꽃을 피우던 나무. 그 꽃, 하늘로 다 앗기고 다시 제 **뼈**를 푸른 비늘로 감아 날지도 못할 헤엄을 바람에 달싹이고 있었다. 철 맞춰 새로 찾아 입은 양복 깃이 바람에 가벼이 들썩이는 것처럼.

 나무나 사람이나 겨울에서 여름으로 가는 행적이 비슷하구나 생각할 즈음, K를 만날 그 집 앞에 닿았다. 몇 달 늘 같은 시간에 오는 집이지만 낮이 점점 길어지니 간판은 매달 더욱 밝아 보였다. 세월이 오래되면 전에 보지 못한 것도 보이는 법. 문득 쳐다보니 문 위에 흘러내린 타일의 녹물 자국이 고드름처럼 멍들어 있었다. 저것들도 오래되면 눈가가 짓물러지는구나. 갑자기 전화벨이 울렸다. 현관 유리에 붙은 맥주 거품 코팅지 뒤로 낯익은 마담의 마중 눈길을 손으로 저으며, 우선 휴대폰 뚜껑부터 열었다. 이니셜로 적힌 K의 이름이 떴다. 저 문 안에서 전화할 리는 없고.

 허허 참, 미안하네. 미리 전화한다는 것이 늦었구만. 오늘 고향 친구 배웅 왔다네. 좀 먼 도시라 오늘 밤 늦게 가겠구만. 미안하네. 친구라니, 그럼 나도 아는 친군가? 그렇군, 자네도 알 만하네. 그 왜 청와대에서 근무하던 친구 말이야. 우리가 모르던 사이에 큰 병이 있었나 보네. 미국서도 고치지 못해 결국 몸을 떠났다는군. 내가 찾을 자리는 아닌 터라 K와 귀엣말로 인사하고 상가 분위기를 폴드로 접었다. 어설픈 양반 씨나락 주무르듯 음식점 문고리를 만지다 결국 돌아섰다. 꽃이 지는 봄날에 꽃처럼 가버린 친구를 생각했다. 사는 까닭이 죽음 때문이라는 것쯤이야 알 만한 나이지만 산다는 것과 지금 죽어 있다는 그 친구 사이의 뚝 끊어져 버린 폭포 같은 느낌은 여전히 밍밍하다. 메일로 편지 보냈으니 그거나 읽어보게.

 아내의 의아한 눈길을 닫고 내 방에 들어와 K의 마지막 말을 챙기려 메일을 연다. 그로 말미암아 내가 일기를 쓰기로 했던 약속을 위해, '그대의 일기장에 보탠다'라는 제목을 붙인 K의 의도가 의뭉스럽다. 그도 나처럼 일기를 쓰는가. 그의 전갈을 내 일기장에 오려 붙인다.

1.

태극기 아래 걸린 벽시계는 2분이 빨라 초침 분침이 종일 쉴 새 없이 돌아도 하루 한 번도 안 맞지만, 건전지 없어 교탁 안에 누워 있는 뿌연 벽시계는 하루 두 번 어김없이 정확하다. 영문법 열 문제를 다 풀었으나 다 틀린 학생과, 정답을 다 4번으로 찍어 두 문제를 맞힌 학생 중, 누구에게 상을 줄까? 오래 겨눈 화살이 오히려 과녁을 빗나갈 때, 궁수는 차라리 봄바람이고 싶다. 수고가 언제나 덕이 될 수 없는 카오스의 삶을 인정하자.

2.

복도 쪽 사물함 위에 꽃기린 두 그루가 가시만 돋은 채 마사에 꽂혀 있다. 선생도 학생도 두 달 동안 물이라곤 적선하지 않은 탓이다. 차마 죽지도 못한 실뿌리들이 화분 속에 가득 엉겼을 것이다. 습기에 대한 기억상실을 되찾으러 지하 사막을 온통 헤맬 것이다. 아버지는 우즈벡에서 딴 살림을 살고, 생모는 얼굴조차 모르는 한 아이가 두 팔로 둘러막은 책상 위에 얼굴을 잃고 잠들어 있다. 화분을 교실로 처음 옮겨온 그 사람을 위해, 꽃기린은 아직

물을 기다릴까. 몸피를 웅크리니 가시가 더욱 크다. 스프레이에 물을 담아 뿌리기 전, 나는 한참 곤하게 휴면기로 든 꽃대를 내려다본다. 내가 떨군 한 방울의 물이 꽃기린 뿌리에게 봄을 알릴 수 있을까. 봄이 생략된 식물.

3.

하루가 너무 가깝다. 잊기도 전에 돌아온 아이들. 또 아침 7시 40분, 자물쇠가 깨기도 전 문 앞에 선 그녀들. 머리칼 젖은 채 하늘을 날리는 벚나무, 동백, 아카시, 느티나무. 뿌리가 된 의자를 찾아 복귀하는 일 번에서 삼십팔 번 정물화들. 백태 낀 유리창 너머 빌딩 정글은 아직 무성하네. 문명에 갇힌 책은 도대체 두개골 몇 배나 되나. 한 번도 눕지 못한 벤자민이 LED 등을 태양처럼 모시고 연두색 혀를 뽑아내는, '여고삼교실시대극(女高三敎室時代劇)'을 복도 끝에서 교무실 천장까지 들고 다니지만, 어제도 오늘도 흠집 없이 봄날은 간다.

4.

사각이 대세다. 책상, 사물함, 칠판, 교탁의 옆면과 위판, 출석부, 출입문, 스피커, 에어컨 바닥의 격자무늬, 거, 천장에 목을 맨 모니터, 드리운 커튼, 각이 뚜렷하고 모서리가 분명하고 구석이 정확한 사각. 사각이 사각사각 학생들을 갉아 먹는다. 사각의 책과 사각의 노트를 피해 수업 중 창밖 꽃사과나무를 내다보는 저 녀석의 튀어나온 눈동자의 한 변은 곡선이다. 그 아이 얼굴을 받든 사각의 창문을 뚫고 사각기둥에 박히는 빛의 가장자리는 그러나 각이 흐릿하다. 분필을 놓고, 목을 내려, 잔 속에서 각을 이루지 못해 일렁이는 녹차를 마신다.

K스럽다. 뭉쳐지지도 않는 눈을 억지로 굴려 언 손에 다독거리는 듯한 그의 글이지만, 교실에서 가끔 먼 눈 놓고 흐린 채 서 있는 그의 모습은 상상할 수 있다. 꽃 같은 나이의 아이들을 감금한다 싶은 K의 딜레마. 방보다 넓은 교실을 화장실보다 비좁게 앉아 식물로 자라는 아이들을 아침부터 밤까지 관타나모 수용소처럼 지켜야 하는 K의 부조리. 한 번의 삶은 시인의 문자로도 구속할 수 없다던 K. 어느 책에서 '체제 순응자와 자유 영혼의 소유자를 양립시키는 교육제도는 없다'라는 말이 사실인가 보다. 끈질긴 이 땅의 교육은 도대체 무엇을 희생시키고 있는가?

벚나무의 화려한 꽃은 햇볕 가리는 이파리를 내기 위한 수작이었다. 나무 아래 향일성의 어린 식물들은 그 이파리 틈새를 비집고 몸을 가늘게 휘어야 한다. 큰 나무에 가려 제 뜻대로 빛을 받지 못하여, 타고난 제 몸빛도 드러내지 못한 채 노르스레한 발목으로 그늘을 지킨다. 그늘이 그들의 집이다. 봄이 삭제된 수상한 나라. 햇볕 다 드러난 나목의 겨울이 차마 그립다. 딸이 보고 싶다.

이앙(移秧)

 자네는 그놈의 돈 주무르는 직업이 지겹지 않은가? K의 물음이 아직 귓바퀴 안에 고였다. 아내를 사려 묻은 뒤 억지로 키운 딸이 다른 도시로 떠났을 때, 아침부터 저녁까지 은행 일이 끝나면 그 뒤 남은 내 일상의 변두리가 비워져 있음을 자각하기 싫을 때, 오늘처럼 휴일이면 놀이터에 두고 간 바람 빠진 축구공 같은 아침을 맞을 때, 직장을 가지 말아야 하는 날에 직장을 생각하면 나도 가끔 직업에 대한 별생각이 든다. 그것이 지겹지 않느냐고 묻는 K의 말은 뭔가 몰래 숨기고 살던 잘못이 들통난 듯하여 어젯밤 내내 집 나간 고민을 불러들이고 말았다. 자네가 학교 일이 지겨운가 보군. 마땅한 능력도 없으면서 괜한 객기 띄우지 말게. 언제는 뭐 오늘 사는 것이 사는 것이지 내일까지 염려하냐고 타박하더니.

 그렇지? 절이 싫으면 중이 떠날 일이지만 말이야. 내 말은 말이야. 선생 일이 지겹다는 것이 아니라 이놈의 학교 꼴이 미치도록 지겹다는 게야. 자네도 알다시피 말이야. 사실 학교만큼 변하기 힘든 세상도 없지. 왜냐고? 세상이 바뀐다고 벼가 보리로 되는가? 보리 심는 버릇으로 벼를 심을 순 없지. 그러니 선생은 늘 어린 모를 못자리에서 쪄내어 질퍽한 세상에 모춤 던지듯 내보내야 하는 일만 반복한단 말이야. 모를 붓는 일도 아닌, 포기가 벌어 두툼한 나락을 맺는 일도 아닌, 늘 그만한 크기의, 늘 그 시기의 모를 받고 기르고 옮기는 촉매 짓만 하니, 늘 똑같은 방법일 수밖에. 무슨 선진화 교육이다, 스마트 교육이다 하는데, 그건 껍데기 포장지만 화려한 과자 봉지일 뿐이야. 학생들 마음보나 끓는 피가 바뀐 것은 아니거든. 그러니 교육이 그리 쉬이 바뀌겠냐 말일세. 그러고 보면 지겨운 것이 당연한데 말이야.

 더 큰 문제는 말이야. 학생은 바뀌지 않는데 선생인 내가 바뀐다는 거야. 늘 같은 나이의 학생들이 늘 그만한 생각과 행동으로 오가는 데가 학교잖아. 그 나이의 우리 시절을 잊어서 그렇지, 그때나 지금이나 아이들 하는 짓은 같다고 봐야지. 그러니 교실의 학생들이야 별반 다를 바 없는데 이놈의 선생인 나는 자꾸 세월에 편승하여 그들과 멀어지고 있단 말이야. 어쭙잖은 세상 물정에 맞춰 철가방 소리 듣는 것이 오히려 자랑스럽다 이거지. 직업 선호도가 높은 것은, 교사가 아니라 교직이 좋다는 거지. 놀고먹는 시늉처럼 비쳐도 오히려 무감각이야. 될 대로 되라는 이판사판이야. 신자유주의니, 정보화 시대니, 영어 천국이니, 하는 변명거리도 있지만 그것만으로 내 변질을 용서할 수 없어 지겨운 거야. 암, 그렇지. 이젠 남우세스런 것이 아니라 내가 내가 부끄러워서 말이야. 어디 가서 선생이라는 말을 하기가 민망해서 원. 그러니 어쩔까? 요즘 모내기 철인데 뭐 다른 일로 이앙해 볼까? 허허.

K의 말은 그럴듯했다. 그러나 그는 어릴 적부터 심약했고 말이 행동보다 종종 앞질러 감을 내가 잘 알기에 아량으로 그를 포장했다. 내 눈치가 저를 무시함을 안 그는 술자리라도 옮기자고 했다. 지난달에 챙기지 못한 만남을 그냥 비워둘 순 없다고, 술자리를 한 번 바꿔보면 우리 둘 정을 불쑥 쌓는 데 도움이 된다는 그의 말에는 그래도 장난기와 유쾌함이 파고들었다.

소음과 담배 연기를 비집고 겨우 틈을 내어 앉은 조개구이집에 갔다. K의 말이 동네 어귀 고물상 트럭 확성기 소리처럼 희뜩희뜩 들렸다. 자네 돈 좀 있으면 우리 학교 하나 운영하는 게 어떻겠나? 학교? 돈? 무슨 철없는 소린가? 스스로 가여울 짓 말게. 그렇지, 그래도 나는 말이야. 술김에라도 마음속에라도 학교를 운영하고 싶네. 현실로 안 되면 심정으로 옮겨 세상을 몽상하는 거지. 그나마 위로가 안 되는가? 어쩌면 몽상하는 그 순간이 가장 순수한 기쁨이 아니겠나. 모든 것 마련된 학교에 톱니처럼 끼어 살다 버려야 하는 내 몸과 마음에게 나는 너무 미안하다네. 어쩌다 잘못 어울린 몸과 마음인 것 같아 항상 불안하다네. 언젠가는 꼭 분리

되어 몸은 거리에 눕고 마음은 하늘에 떠 있을 것 같은 느낌. 그래도 말이야. 몸이 닿지 못한 세상으로 마음이나마 홀로 가서 내 뜻대로 살아보는 재미, 자네도 잘 알지 않는가.

K는 학교가 '수용소'에서 벗어나기를 몽상했다. 아침부터 밤까지 꽉 찬 교실, 수업 9시간에 자습 3시간, 모든 일상이 학교에 수감되는 아이들을 석방하고 싶어 했다. 이미 결정 난 지식의 사슬에 묶고 그 사슬의 굴레를 벗어나지 못하게 하는 교육. 숨을 쉰다는 것과 심장의 구조를 암기한다는 것은 다르다고 했다. 머릿속 암기 덩어리는 겨우 삶의 암 덩어리로 바뀔 뿐이라고 했다. 학교 밖에 모르는 아이들은 우등생이고, 학교 밖까지 아는 아이들은 불량인 세상! K의 몽상은 바람직한가? 학교가 학생들의 모든 생활을 담고 있으면서도 그만한 신뢰를 얻지 못하고 있는, 어쩌면 교사의 입벌이와 성장기 아이들의 통과의례처럼 변질된 학교. 내가 일하는 은행은 하루 내내 창구 앞의 고객들과 우리 직원과의 대화는 오로지 '돈' 이외의 다른 주제는 없다. 오히려 그 밖의 대화거리는 업무를 방해하고 부조리를 일으킬 가능성이 더 높다. 교육도 그래야 하는가? 현재의 공부와 미래의 돈, 과연 그것이 정도일까.

오월이 지났다. 생애 한 번뿐인 올해 봄의 달력이 넘어갔다. 계절의 연속을 가끔 단절해 보는 달력. 자고 일어나면 계절이 계단처럼 수직으로 툭 변할 수 있을까? 대기 중의 분자를 더욱 활발히

움직이게 하고, 길고 더운 날일수록 굳은 나무들이 더욱 기공 열고 푸른 광합성을 즐기는 혁명이 있을 수 있을까? 지구와 태양이 협잡하여 쳇바퀴처럼 마냥 둥근 계절을 문득 모나게 바꿀 수 있을까? 마디 없이 흐르는 강물도 수직의 낙하에 이르면 그 몸 가득한 관절이 마구 살아 요동치는데. 볏모의 이앙으로 벼가 더욱 성장하는 것처럼, 내 발바닥 박힌 자리를 한 번쯤 이탈하고 싶은 마음이 내게도 있는 것 같다. 이 지루한 아날로그를 꺾고 싶다던 K의 주사가 아직 들린다.

무거운 계절

 성하의 시절이 한 달 지난다. 일기 예보는 예년과 달리 더위가 극성이리라 호들갑이다. 장마 사이 띄엄띄엄 무른 하늘도 제 할 일에 무거운 돌을 진 듯 힘에 겨워한다. 지난 주말에 드러난 들은 모 발을 돗바늘로 기운 채 흥건히 땀에 젖은 농부의 적삼처럼 널브러져 있었다. 태양에 단 몸을 식힐 밤조차 짧아져 어둑하면 앵앵거리는 모기보다 더 초조해지는 시절. 괭이잠을 설치고 나면 피로의 끝에서 늘 모자라는 밤의 길이.

 한 달에 한 번 K를 만나며 적은 일기장 속 문자들도 제법 차서 배불뚝이다. 머릿속에 든 것보다 아랫배가 더 솟으면 뭐든 게을러지는 법, K를 빗댄 달거리 글쓰기 공작도 뒤로 미루는 나태의 습성이 되살아난다. 그를 만난 지 삼 일이 지나서야 일기장을 펼친다. K가 문득 글쓰기는 잘 되고 있냐고 묻고, 쓴 글을 자기도 볼 수 있냐고 힐끔거리고, 자기는 달마다 숙변 내리듯 시원한데 나는 어떠냐고 다그칠 땐, 그저 짧은 웃음을 안주로 소주만 찔끔거렸다. 뭐든 솔직하고 쉽게 적는다는 것은 불가능하다. 디지털의 문자로 아날로그 마음과 일상을 표현한다는 것은 애당초 바닷물을 조각조각 꿰매는 일이다.

 이번엔 K가 수다스러웠다. 평소 술잔에 걸고 있던 입을 잠시도 닫지 않고 이쪽저쪽 대중없는 말을 내고 쌓았다. 종로에서 뺨을 맞은 것이 분명했다. 두어 시간 입담에 지친 그가 불쑥 일어서는 바람에 그나마 밤늦게 다시 시작한 장맛비 전에 귀가할 수 있었다. 미처 다 읽지 못했던 『생물 다양성은 우리의 생명』의 제목을 책꽂이에서 훑어 찾아본다. '다양성'이라는 어휘에 듬성듬성 걸려드는 그의 말들을 기억하여 적어본다.

 올봄에 거제 망치해수욕장을 간 적이 있네. 거기 해변에 돌들이 모두 둥글둥글하여 꼭 밀링으로 깎은 듯하더군. 저 돌들이 파도에 구르고 굴러 둥글게 되는 세월이 얼마일까 생각하며 해변을 한참 걸었지. 그런데 말이야. 마냥 둥근 돌들만 계속 이어지니 나중엔 둥근 돌들이 뺀질거리는 놈처럼 미워지더라니까. 둥근 돌들 사이 어쩌다 모나게 깨진 돌이 눈에 띄어 신기하여 주워 보았지. 자세히 보니 그게 부서진 콘크리트 조각이었지만. 그 쓸모없는 것도 둥근 것들 속에 있으니 낯설고 귀해 보이더라 이거야. 공사 중인 채석장에 이놈의 몽돌이 만약 나타난다면 그건 아마 해외토픽감이 되겠지만, 망치 해변에서는 별로야. 아무튼 한 가지만 있는 곳은 금방 싫증 나고 귀한 줄을 모르게 되는 게 맞는 말인가 싶었네. 안 그런가?

 수업 중에 말일세, 내가 영어 단어 하나를 물어본단 말이야. 그럼 그 반 학생 모두가 모르는 수가 있을 거잖아? 그럴 경우 학생들은 모두 스스로 안심하거나 자위하는 것 같다 말이야. 왜? 다들 모르니까. 그 단어 뜻이 원래 어려워 고등학생이 알 수 없는 것이겠거니 한단 말이야. 그러니까 몰라도 괜찮다는 거지. 그런데 말이야. 어느 반에 가면 아는 학생들이 있거든. 그러면 그 반 아이들은 귀가 솔깃해진다는 거지. 아하, 아는 친구도 있구나, 내가 모르고 있구나, 뭐 그런 표정. 역시 실력 차이가 좀 나는 반이 재미있지. 암, 그래야 아는 녀석이 모르는 녀석에게 동기도 주고, 모르는 녀석은 저하고 다른 녀석들도 세상에 있다는 것을 어릴 적부터 인정하게 되는 거지.

 지금 같은 상황이면 말이야. 아는 녀석들끼리 모아 수업하는 학교와, 모르는 녀석들끼리 모아 수업하는 학교를 서로 구별하다 보니, 아는 녀석들은 모르는 녀석들의 심정을 헤아리지 못하고, 모르는 녀석들은 아는 녀석들의 수준을 감히 짐작도 못 하는, 다시 말해 교집합이 없는 여집단 학교가 되었단 말이야. 서로 불행한 거지. 장차 그래도 좀 아는 녀석들이 나라를 기획할 테지. 그럼 그런 녀석들이 자기와 다르게 생활한 친구들의 입장을 알겠냐고. 과거 같으면 한 교실에 섞여 있어 훗날 동창으로 서로 만나면 그래도 한때 친구였는지라 나름의 어렵고 힘든 일을 알아줄 기회가 있었지만, 지금은 아니야. 아는 녀석들은 아는 녀석들끼리만 동창이고, 모르는 녀석들은 그들끼리만 평생 동창일 뿐이야. 콩과 팥만큼 서로 멀어진 거지. 교차 되지 않는 평행의 선로가 이어지고, 그 사이엔 늘 자갈이 가득할 뿐이지.

일백만 명이 죽은 아일랜드 감자 기근은 온 밭에 감자만 심은 탓이 제일 크다네. 재배나 관리, 그리고 수확 등 모든 면에서 편의성과 경제성만을 따지고 오로지 감자만 심었던 게지. 당장의 호구지책에만 열중했을 거야. 그 후에 닥칠 재앙엔 백치였었고. 그런 19세기 실수를 우리는 지금 학교에서 저지르고 있으니 원. 우리 청소년들이 어느 날 감자의 마름병 같은 불치의 병으로 모두 고사된다면 어쩌겠는가? 그 병으로 마침내 삶을 잃어야 할 사람들은 다름 아닌 우리 자신인 줄도 모르고 말이야. 기계로 복제한 규격품 같은 사이보그 학생들. 차이가 없으니 차이에 대한 이해심도 없어졌다네. 어쩌다 조금 차이가 나는 학생이 있으면 우루루 에둘러 그놈을 쪼아대고 말지. 자신과 달라서 오히려 낯설고 귀한 것이라 보듬지 않고, 목숨 살리는 호기심을 보이기 전에, 네 잎의 한 잎마저 따내고 똑같은 세 잎 클로버가 되기를 강제하고 말지. 동종을 수호하기 위한 배척은 폭력까지 정당화하지. 교실조차 정치

판처럼 되어서야 되겠나. 기러기 없는 나라에 두루미만 구구거린다면 학의 기품을 드러낼 기회조차 없을 것이네.

K의 말처럼, 흰옷밖에 입지 못했던 단색의 설움이 21세기 우리의 교실에까지 연연히 이어져 온 것일까? 단일 민족이라는 배타의 원심력이 아직 우리 사회를 회전시키고 있는 것일까? 신혼부부가 똑같은 커플티를 입은 모습을 보고 내가 아는 외국인이 고개를 저으며 도저히 믿을 수 없는 민족이라고 했다. 다른 것에 대한 거부가 단군의 지침이었을까? 차이를 인정해 볼 기회조차 박탈당한 교실이라고 K는 열을 올렸다. 서로 달라서, 다른 것끼리 모이면 또 다른 것으로 변할 수 있다는 변증의 진화를 잃어버린 교실이 슬프다고 했다. 자기 속의 타산지석을 영원히 밝혀내지 못하는 학생들이 더욱 많아짐이 아쉽다고 그는 술잔을 내리쳤다.

신분의 반상(班常) 사회가 물러난 자리에, 지식과 화폐의 경쟁 사회가 들어앉은 것이다. 창밖을 본다. 예나 지금이나 장마의 하늘은 늘 무겁다.

편들지 못한 저녁

 복날 근처를 더듬다 어젠 삼계탕집에서 K를 만났다. 어느 시대든 시절의 희생자는 있기 마련이다. 잡초 뽑히듯 깃을 앗기고 할복 탈장된 닭들의 운명을 깊은 염려 없이 먹어 치우는 사람들의 게걸. 한 방 가득한 땀내에 흠칫 놀라면서도 그 희생의 뜨거운 맛과 동석한 우리. 위령을 하듯 K는 소주부터 주문했다. 물잔보다 작지만 빈속을 뒤집는 한 번의 목젖 울림에는 충분한 술잔이었다. 어깨를 뒤틀며 내린 빈 잔에 첨작을 기다리던 K가, 창문 너머 눈길에 달려온 한마디를 불쑥 내놓았.

 저 칼소리 들리는가? 칼소리라니? 아무리 베도 아무런 흔적 없는 저녁 하늘을 말이야. 지하에서 석삼년 벼린 바람 같은 칼로 마구 난자하는 저 매미들의 앙칼진 울음소리 말일세. 저건 칼소리 군무야. 얼빠진 고막을 후비는 표창이야. 소주가 타는 식도의 금처럼 찌릿하고 쓰리지 않나?

에어컨의 권위로 굳게 닫힌 창문을 그래도 노을처럼 뚫고 들어오는 매미 소리가, K의 말대로, 예리한 칼날로 공간을 작정하고 그어대는 칼춤 같았다. 그럼 서녘 하늘은 지금 피를 흘리고 있는가,라고 말하고 싶었으나 왠지 그런 말투는 내게 어울리지 않아 주춤 입을 걸었다. 아직 뜨거운 도가니가 보이지 않는 주방쪽을 힐끗 보더니, K는 다시 소주 한 잔으로 배고픈 기다림의 틈을 쓰게 메웠다.

도무지 어느 나무에선지 분간조차 어려운 저 자객들의 칼질 소리 말일세. 저들의 칼날이면 하던 일도 잘리고 잠도 토막 나고. 어떨 땐 벼랑으로 내모는 선동 같지 않나? 소리는 말일세. 뇌파가 말려드는 동굴이거든. 한 소리에 집중하면 말이야. 그 소리가 수천 리 멀고 깊어져서 말이야. 서로 공명하여 더 증폭되고 온통 그 소리만 굴 안에 가득하지. 한 소리와 함께 울리면 그건 조화야. 아름다운 선율이지. 세상을 둘러막았지만 그래도 한 구멍으로 빨려 들면 충분한, 소박하고 다정한 혈거인의 행복이지. 안 그런가?

복날 보신으로 보시된 닭들을 생각하다 뜬금없는 K의 매미 타령에 추임새를 내자니 어설펐다. 빗대어 말하고자 하는 그의 진의도 선뜻 들어서지 않고. 너무 그러지 말게. 알고 보면 매미들도 불쌍하잖아. 빛도 없는 지하에서 수액만 빨아 먹는 애벌레의 기생

세월 동안 저들이 얼마나 무르게 살았겠는가. 겨우 어느 맑은 여름 저녁에 실낱같은 다리로 벗어난 변태의 고통도 알아줘야지. 그 전생의 허물을 나무에 벗어두고 하루의 일각을 안달해야 하는 저들의 초조함도 이해할 만하잖은가. 어쩌면 저들도 한 시절의 유희요, 한 시절의 희생이랄 수도 있겠네 뭘.

아니, 내 말은 말이야. 저 매미들의 수고가 아깝다는 거야. 자네는 지금 매미 소리가 가련하다 하지만, 내 말은 말이야. 저렇게 제 살 맞부벼 깎아대는 절규에도 말이야. 노을은 태연하게 저물고, 산은 민둥하게 엎어져 있고, 이파리들은 햇볕 아래 굴종하고 있으니 말이야. 도무지 매미들의 칼질에 아무런 자상도 입지 않는 여름의 무덥고 답답함이 억울하다는 거지. 저 고된 소리들의 시위가 오후 내내 화살을 당겨 몸에 꽂는데도 우리는 감각 없이 소리보다 훨씬 뒤처진 걸음으로 느릿대고만 있잖은가. 오히려 매미 때문에 할퀸 자국만 원망하고들 있지. 사실 어떤 트집에도 아무 상처 없는 자국들인데. 그저 먼 산 너머 어느 마을에 매미 때문에 공해고 매미 때문에 고사했다는 소소한 소문만 믿고 말일세.

그렇기도 했다. 누군가가 매미처럼 높은 곳에 올라 깃발을 흔들며 울부짖던 어느 현장을 본 적이 있다. 그 아래 대부분의 사람들은, 뉴스를 보지 않는 사람처럼 그냥 지나쳤다. 나도 그랬다. 그의 목소리가 지상에 닿기 전에 바람이 훼방을 놓았고, 그의 끊어질

듯 펄럭이는 말을 나는 한 번도 멈춰 서서 귀 기울이지 않았다. 나는 이미 혈거인이 될 수 없는 것일까.

어젯밤은 삼계탕 한 그릇과 소주 세 병으로 K를 돌려세웠다. 무덥고 답답했다. 술자리를 더하면 K의 억울함이 밤을 새울 기미였다. 분명 무덥고 답답한 학교 얘기로 잔이 넘칠 조짐이었다. 미안하네, 친구. 대신에 K가 '4·19 기념행사를 마치고 보낸다'는 '지렁이의 꿈' 어쩌고 저쩌고 하는 글을 남은 일기장에 옮겨 적는다.

비는 내리다 말았네
사십구 번 버스 정류소 앞 보도블록
오른쪽 한 팔 디딤이 된 우산 꼭지에
어쩌다 몸뚱어리 눌렸네
길, 건너다 멈추네

한 블록 이십 센티미터
한번 건너기 참 오랜 세월이네
숨 막힌 진탕 뚫고 이 블록 오기까지 젖은 자국들
사월의 철모르는 바람에 떨어진 꽃잎과 꽃잎을 지나
약삭빠르지 못해 비 타고 넘지 못한
그 긴 세월을 온몸으로 건너다
버럭, 눌리고 말았네

블록과 블록 사이
순한 저 땅까지는 아직 한참인데
터무니없이 차들은 백양터널로 그 오르막으로
잘도 달려 멀어지네 비는 그쳐 겉도 마르는데
꾹, 허리 접힌 몸부림이네

이 블록 지나면 촉촉한 흙살에 몸을 씻고
이 블록 지나면 마디 서넛 더 길게 뻗고
이 블록 지나면 하루와 화해하고 잠들 수 있는데
진실이 사실보다 늘 늦은 걸음이라
비도 편들지 않는 저녁
가야 하는데
우산 썩, 들어 치워 주지 않네

천우충(天牛蟲)

지난달엔 K를 만나지 못했다. 학교 일이 이러저러하여 만날 기분이 아니라고, 담 너머 구시렁대는 좁쌀영감처럼 수화기에 말을 내던지고는 삐리릭 전화를 끊어버리던 날, 빈대떡 신사 꼴 난 모양 여기고 시나브로 잊은 지 한 달이다. 사람과 사람끼리 한 약속은 꼭 지켜야 하나? 그래야 한다는 격언 속에 우리는 이미 어김을 예상한다. 갈수록 사람 살기 힘든 시절, 어기면 어길수록 더욱 정치적 고단수임을 실감하는 요즘, K와 나 사이의 약조조차 시절을 모방하는 걸까.

하루에 한 번씩 일어나는 아침을 서른 번이나 포개놓으니 꽤 무겁다. 한 달에 한 번이라도 들추어 K와의 만남을 기록하자던 일기장이 눅어 붙은 듯 끈적거린다. 유난한 올여름 더위에 질질 끌려다니던 게으름 옆으로 일상과 무관심은 두 배로 빨리 스쳐 간다. 시절과 처지를 박차고 악착같이 그래도 자기 할 일에 뚜벅일 수 있는 비릿한 습속은 어디서 나오는 걸까. 그것이 진정 정체성의 성실이라면 나나 K는 아직 성실의 본전도 못 찾은 어설픈 미수꾼이다. 어느 뒷골목 전당포에 잡힌 손목시계다. 케케묵은 용두에 풀리지 않는 태엽으로 더 이상 시간을 따라잡지 못하고 버둥대는 시계.

 미안하네. K의 낯선 첫말이었다. 길 지나다 부딪히면 누구에게나 먼저 미안하다고 말하지만, 정작 가까운 친구들에겐 끝까지 말을 아끼는 그의 치졸함은 유명한데, 어쩐 일인지 어제는 술집에 들어서자마자 엉덩이보다 먼저 부려놓는 '미안하다'는 소리에 사뭇 거리감마저 느껴졌다. 깨어져 테를 두른 자배기처럼 엉거주춤 앉더니 속이 반쯤 빈 술병을 반갑게 앗아간다. 학교 일이 바빠서 그랬네. 입시철 아닌가. 내 멀티 기능이 386정도이니, 마음은 고갯마루에서 초조히 기다려도 몸이야 거북이 숏다리처럼 온종일 바쁘다네. 그래, 별일 없었나? 여름휴가 때 브라질 간다더니 재미 좋았나? 지구 반대쪽 사람들은 물구나무 서 있을 거라 믿었는데, 맞나? 아니면 우리가 지금 물구나무인가? 왠지 요즘 피가 자꾸 거꾸로 쏟아지는 것 같더라니, 허허.

 K의 농담이 몇 번 더 잔을 채웠다. 안주의 열기가 얼굴에 달라붙은 K는 뜬금없이 스마트폰을 열고 사진을 보여 주었다. 이게 말이야. 지난 주말에 고향 가서 찍어온 건데 말이야. 뭔지 알겠나?

새총을 만들던 시옷 자 나뭇가지를 연상하게 했다. 한쪽 가지는 나름 반질한데 한쪽은 살 발라낸 족발 뼈처럼 껍질이 벗겨져 누르스름했다. 이게 말이야, 시골집 뒷밭에 있는 산딸나무 가지야. 단풍이 아주 곱다하여 오 년 전에 사다 심었지. 올여름 가뭄 탓으로 그 예쁘다는 이파리들이 추석 꼬까옷도 입기 전에 죄다 시들었더군. 사람이나 식물이나 시절을 잘 만나야 제 천성을 양껏 뽐내며 살 수 있는 게야. 그렇지 않나?

 매직펜만 하던 놈이 제법 어른 발목만큼 자랐다네. 가지도 쭈뼛 잘 치들어 오르더군. 가관이라 느꺼운 마음에 나무 가까이로 한 바퀴 돌며 살펴보았지. 그런데 말이야, 곁가지 중 가장 굵직하게 자란 놈 둘레에 젖은 톱밥 같은 나무 부스러기가 붙어있질 않겠나. 어릴 적 사과나무에서 많이 보던 풍경이라 대번에 알아차렸지. 애벌레가 나무를 파고 들어간 흔적이란 말이야. 자네, 하늘소 알지? 그놈들 짓이야. 천우충, 이름은 거창하게 하늘을 들먹이지만 말이야, 알고 보면 놈들은 아야 소리도 못 하는 백성 같은 나무들을 속으로 파고 들어가 고사시키는 원흉들이란 말이야. 으슥한 나뭇가지에 알을 슬고, 한 열흘 만에 애벌레가 되고, 그 애벌레가 나무속을 파고들어 대략 삼백육십 일 수액을 빨아먹고, 결국 나무는 말라 죽고 말지. 하늘소 중에 천연기념물인 놈도 있으니 참 아이러니 아닌가.

눅진하게 둘러붙은 나뭇가루를 털어내고 찍은 사진이었다. 껍질의 위/아래에 분리된 이빨 자국 같은 것들이 가늠되었다. 가지의 어둑한 속살이 엿보였다. 목질이 도려 난 이상 물관의 연결은 이미 끊어졌으리라. 뿌리에서 길어 올린 물이 더 이상 오르지 못하여 회귀하는 곳에는 터졌다가 다시 굳은 핏줄 같은 나뭇결이 가로로 새겨질 것이다. 분단의 아픔을 안으로 말아 들인 껍질은 겨울이 오기 전에 제 몸 둥글게 오달지겠지만, 언살 드러난 뼈마디는 아무런 대책 없이 하얗게 말라 죽을 것이다. K가 세상일에 빗대어 한참을 뭐라 더 욕을 해대는 사이에도 나는 꺼진 액정을 다시 켜가며 그 나뭇가지의 미래까지 보고 있었다. 수동의 나무가 불쌍하게 보이다가, 애벌레의 습성이 잔인하게 보이다가, 그러나 이 둘 사이에 무슨 고의적인 감정이야 있으랴 생각하다가, 나무와 벌레 일에 공연한 간섭은 사람만 괴롭힐 뿐이라고 한발 물러서다 보니, 오줌이 마려웠다.

게슴츠레한 눈길로 K를 희미하게 두고 방광을 비우고 왔을 때 갑자기 그가 기침을 쏟기 시작했다. 평소에 잠잠하던 것들이 술로 약해진 기도를 타고 제 흉물을 드러내고 있었다. 옆자리 젊은이들이 안쓰럽게 눈길을 기웃거렸고 주인아줌마는 물병을 놓고 가며 오늘 왠지 말이 좀 많더라며 말꼬리를 끌고 갔다. 덕분에 살짝 넘어가려던 정신이 확 제자리로 돌아왔다. 기침을 멈춘 K의 허파는 심장보다 빨리 풀무질을 해대며 더운 말을 뿜어냈다. 미처 삭지 않은 안주들이 입안에서 가래 냄새로 뭉쳐 나왔다. 요령도 없이 앞뒤 말을 마구 섞어 지껄이는 교통사고 피해자 진술처럼 K는 이미 제 말 속에 감겨 있었다.

오늘은 여기까지만 적고 덮어야겠다. 자정을 시간 반이나 넘었다. 내일은 은행 간부들 간담회가 있다. 어제처럼 젖은 얼굴로 나설 순 없다. 나는 아직 정년까지 밀고 가야 할 직장인이다. 끝까지 적지 못해서인가, 그저께 흥분하던 K의 얼굴이 다시 떠오른다.

아파트 정자에 나가 담배 한 대 피우고 들어왔다. 달은 보이지 않아도 구름 사이에 비낀 하늘은 군데군데 환했다. 촉수 낱낱을 하늘에 박고 선 소나무들이 밤을 높이 지키고 있었다.

낯선 아버지

 며칠 바빴다. 떡국에 뜬 참기름처럼, 몸이 수십 조각 갈라져도 물을 수용하지 못하는 나이가 지금이다. 직장 내 진급이 염두에 없으니 윗사람 눈치 따라 이리저리 몸 부조할 기회가 드물고, 뚜렷한 취미 생활도 않으니 그 흔한 동호회조차 주말의 벗이 아닌 나로서는 그야말로 아침과 저녁이 어제와 오늘의 쳇바퀴를 되새김하고 있다. K와 약속한 일기장을 열고 지난 기록들을 눈뒤짐하다 아파트 주차장을 두어 번 돌았다.

 K가 보여 준 나뭇가지 사진을 떠올린다. 하늘소 애벌레가 파고든 흔적. 뿔 달린 소를 닮아 천우충이라 했다던가. 소가 하늘을 향해 앉은 모습을 상상한다. 지상에서 제일 부지런하여 농경 생활의 일손을 덜어주었던 소. 그런 소의 친밀감과 그 애벌레의 해코지 사이에 정서적 연결이 거북하여 '하늘소'라 처음 명명한 어느 사람의 의도가 잘 이해되지 않는다. 그러나 세상에 드러난 모든 것은

원래 이름이 없음을 생각할 때, '하늘소'와 '산딸나무' 사이에는 아무 관계가 없다.

하늘소를 허리에 매고 석양의 하늘처럼 점점 시들어 가는 어느 나무를 상상한다.

산딸나무는 왜 거부하지 않았을까? 허락도 없이 하늘소가 겨드랑이에 접근할 때, 나무는 왜 제 몸을 뿌리치지 않았을까? 그 순간을 지나던 뒷밭 바람도 시비 가릴 입김을 자처하지 않았고, 노을에 비낀 응달은 하늘소의 발톱을 오히려 숨겼을지도 모른다. 나무와 곤충 사이의 일이라 바람은 에둘러 피했고, 햇살은 슬그머니 뒷산 눈꺼풀을 닫고 하늘소의 간음을 모른 체했다손 치더라도, 정작 자신의 몸이 관통되는 겁탈에 도무지 무심한 나무는 무슨 까닭일까? 딱딱한 등껍질에 가리고 프라치처럼 알을 슬던 그 벌레를 나무는 탓하지 않는다. 애벌레가 제 살을 갉아 넝마처럼 버려도 나무는 비명하지 않는다. 골수에 박힌 애벌레를 나무는 뱉어내지 않는다.

한쪽 어깨 위가 마를 것이다. 한쪽 팔뼈는 속도 없이 부러질 것이다. 애벌레 이빨 자국대로 뭉툭 빈 목구멍이 드러날 것이다. 잎자루 사슬이 끊기고 몸이 터 갈리고 더 이상 하늘과 뿌리가 이어지지 못할 것이다. 추워서 더욱 파고드는 애벌레의 승전을 위해 어쩌면 몸통까지 내어주고 툭 허리를 꺾을지 모른다. 하늘로 밀어 올릴 자양의 통로를 잃고, 올겨울 뿌리는 하얗게 고사할 것이다. 누가 이 나무를 살려낼까. 나무를 위해 누가 그 속에 숨은 벌레를 잡아낼까. 누가 저 벌레 이전의 알, 알 이전의 하늘소까지 몽땅 죽이고 이 나무의 복수를 대신할까.

내가 여덟 살 때 아버지는 우리 동네에서 처음으로 사과나무를 심었다. 다른 사람들이 콩이나 배추를 심는 밭에 내 손가락만 한 '국광' 묘목으로 천 평을 메웠다. 내가 내 몫이라고 한 묶음 질질 끌며 뒷밭으로 옮겼다는 장면을 아버지는 오래 추억하셨다. 그 열매의 돈으로 형과 나는 동네에서 처음으로 대학물을 먹었다. 그때 내 아버지의 삶은 치열했으리라. 사과나무의 줄기 하나, 오월의 꽃 한 송이, 가을걷이 열음 한 알을 위해 아침부터 밤까지 견고한 보살핌을 유지했다. K의 사진에서처럼, 그때도 사과나무 가지를 파먹고 사는 벌레들이 있었다. 아버지의 수색은 밑동에서 우듬지까지 놓치지 않았다. 아버지는 철저히 나무의 복수를 대신해 모든 애벌레와 싸웠다. 고농축 농약을 넣은 주사기를 입에 물고 벌레가 갉아 낸 구멍마다 살충의 의식을 주입했다.

아버지의 복수에는 목적이 있었다. 좀 더 꽃을 달아야 했고, 좀 더 열매를 거두어야 했고, 옆집에 적어도 돈은 꾸지 말아야 했고, 두 아들에겐 다른 세상을 물려줘야 했다. 아버지가 돌아가신 후

나는 대를 잇는 당부처럼 오 년 동안 그 밭의 벌레를 잡았다. 주말마다 귀향하여 치르던 그 살충의 오기마저 고향을 떠난 몸처럼 차츰 버거웠다. 결국 동네 사람들의 혀 찬 소리를 감당하며 아름드리 고목이 된 사과나무들을 뿌리까지 찍어 캐내고 말았다. 나의 목적이 도시에 있었기 때문이었다.

그 사과나무를 걷어내고 이십 년, 내가 도시에서 잡은 벌레는 몇 마리일까. 그때의 아버지보다 더 아버지가 된 나의 복수는 지금 주사기조차 손에 없다. 나무의 신음조차 외면하고, 오히려 벌레의 목숨을 인정하고 물러난다. 애벌레를 죽이고 나무를 살려야 한다고 설친 도시의 세월을 술잔으로 나누면, 나에게 아버지만큼 근이 남을까? 사라지지 않는 하늘소, 은행 금고를 갉아 먹고 뒷짐 지는 애벌레, 뿌리부터 파먹고 공장을 통째로 썩은 나무처럼 쓰러뜨린 애벌레, 속 빈 둥치만 유세장에 세워둔 채 반질거리는 날개로 도망친 곤충들. K의 교무실에도, 국회의사당에도, 천성산 아래도, 낙동강 물속에도 벌레가 득실거리는데.

갑자기 그날 K의 기죽은 절규가 들린다. 그러나 말이야. 제일 무섭고 비열한 것은 말이야. 내 속에 사는 벌레를 내가 잡아내지 못하고 있다는 사실이야. 나무에 든 벌레야 여차하면 톱으로 싹둑 자르면 될 일이지만 말이야. 내 몸에 들어 골다공증으로 주저앉히는 이놈의 벌레를 내가 어찌지 못하고 있단 말이야. 아무리 독한 술로도 죽을 놈이 아니야. 가끔 농약을 팍 먹고 벌레를 바로 죽이는 사람이 있긴 하더라만, 내가 어디 그럴만한 위인인가 말이야.

멀어진 아버지, 몸 안에 든 벌레를 고민할 겨를조차 없었던 시절, 생존의 걸림돌을 내 목숨보다 먼저 제거하면서 누리던 당신의 하루가 그립다. K도 나도 벌레를 잡는 용기를 익히지 못한 고아다. 내 몸은 온갖 벌레가 기생하는 거대한 고아원이다.

행복한 노예

 허연 입김에 발린 흰소리처럼 시작된 K의 기록장이 벌써 늦가을을 맞았다. 그와 얼굴을 맞대는 시간이야 얼마 아니지만, 따로 살아가는 한 달의 틈틈이 그를 생각하고 있으니, 우리 둘은 어줍살스레 묶여 지내는 셈이다. 점퍼 주머니에 손을 찌르고 술집을 들어서던 어젯밤 K의 모습은 문득 나를 닮았다는 환각이 앞섰다. 가을 풍경이 해마다 어슷비슷하듯 사람의 계절도 너나 내나 닮은 것이리라. 어쩌면 서로 닮아야 덜 외로운 세상, 모두가 서로 닮아간다면 어느 날 불이(不二)의 세상이 될까?

 K가 몇 마디 인사를 건네는 여유를 보인 뒤 전보다 가는 궐련을 끄집어냈을 때, 내가 이젠 담배를 끊자고 했다. 요즘 느긋하게 피울 곳도 없고 당장 여기 음식점도 담배 연기를 차압하는 금연 딱지가 붙어 있음을 가리킬 때, 그는 담배보다 더 해로운 것이 술이라고 했다. 담배는 육신을 먹지만, 술은 이성을 먹는다 했다. 담배

는 내 속에 들어가 폐를 망친다면, 술은 이 가게를 부수고도 남아 온 길거리를 욕설로 메운다고 했다. 담배가 가래침으로 끝날 일이면, 술은 피비린내로 끝날 수 있다 했다. 더군다나 담배는 남들 앞에서 굽실거리며 피진 않지만, 술은 남들 앞에서 두 손으로 받들고 굴종의 자세로 먹기도 한다 했다.

K의 궤변은 공짜 술안주로 맞춤이다. 돌아서면 허허로운 그의 말을 귀에 걸고 하루 저녁쯤은 입을 서로 더럽혀도 기분이 좋았다. 세상에 말도 안 되는 말을 하고도 제 말이 옳다 우기는 인간들이 얼마나 많은데, 한낱 술 취한 교사의 횡설수설이야 나는 얼마든지 용서가 되었다.

이성의 오르막이 끝날 무렵 K가 불쑥, 가끔 하인이나 노예가 되고 싶지 않느냐고 물었다. 바람 부는 대로 따르는 구름처럼, 주인의 명에 이리저리 비위 맞추고 판단 없이 사는 게 더 행복하지 않은가, 했다. 문자를 가르치지 않는 상전에게 감사하면서, 사래 고랑이나 뉘엿뉘엿 갈아 덮다, 해지면 몸뚱어리 물건처럼 방바닥에 눕히고, 나무토막 뒷머리에 배고, 뱃속에 든 똥 덩어리 슬슬 문지르다 잠들고. 하루의 끝이 행복의 단위라면, 그런 하루가 반복되는 하인의 일생은 행복의 연속 아닌가, 했다. 터무니없이 행복의 단위를 한평생으로 재는 식자들이 가엾지 않으냐, 했다. 불행의 먹잇감은 사유라고 했다.

지난여름 피서 갔던 욕지도의 바위가 생각났다. 수십 미터 너럭바위 위에 내 발바닥 너비만치 패인 곳이 있었다. 빗물이 자주 고인 탓인지 물속 바위 면이 누렇고, 그 옆 찢어진 바위 살에는 손가락 세 마디만 한 노란 들풀이 박혀 있었다. 파도를 피해 부단히 육지에 달라붙는 바위의 비겁을 조롱하기 위해, 구름이 바위를 녹슬게 하고 풀뿌리가 바위를 쪼개고 있다고 생각했다. K는 그 바위의 행복을 예찬하고 있었다.

지난달 동창회에서 경주 삼릉계곡 갔을 때 말이야. 그 주춤주춤 서 있던 소나무들 생각나나? 나는 소나무들을 볼 때마다 말이야. 그 잎 같지도 않은 잎들을 짐승의 털처럼 겨우내 붙여 두면서 '사계절 푸르니 우러러보라'고들 하니 말이야. 아니꼬운 거야. 겨울이면 다들 바람을 소위 왕따 시키려는 작전 중인데, 아무 생각 없는 솔잎들만 삐죽거리고 있단 말이야. 솔잎이 없으면 바람도 저런 칼질하는 소리로 법석 떨진 않겠지. 시절의 의미를 간파하지 못하는 소나무를 순수하다고 쳐도, 순수가 나무를 붙들고 버티는 한, 저 부정(不淨)의 바람은 멈추지 않아. 부정의 먹잇감이 순수거든.

온갖 먹잇감을 찾으며 밤이 깊어 갈수록 K의 분열은 더 심해졌다. 계곡의 벼랑 위쪽은 서로 갈라져 있어도 그 틈 아래 바탕은 하나일 텐데, 나는 여전히 그의 말을 내 한 마음으로 해석할 수 없다. 그저 생각나는 대로 적어둘 뿐이다. 주체로 사는 사람이 적단 말이야. 소위 선생들도 말이야. 위계를 짓고 사는 게 편하다고 여기거든. 구속 안에서 즐거운 사람들, 쇼생크를 탈출하면 대들보에 목을 맬 수밖에 없는 수감자들. 배꼽 속으로 되돌려줄 수 없는 기왕의 인생을 어떤 사람은 신에게 헌납하고, 어떤 사람은 계급에 몰두하고, 어떤 사람은 돈에 달라붙고. 물론 죽지 않으려면 어데 무슨 짓이라도 해야겠지. 암, 그래야겠지. 산다는 건 몸뚱어리가 먼저니까. 그래도 말이야. 그 몸에 기생하며 잘난 척하는 정신은 주체로 살 수 있잖아? 왜? 일단 남들이 모르니까, 남들에게 드러나지 않으니까, 그것은 내 거라고 우길 수 있으니까. 그게 잘 안되는 요즘은 말이야, 차라리 무뇌충으로 사는 게 더 행복하다는 생각이 든다네. 그리 사는 게 당연하다고 자네도 전에 말하지 않았던가?

세월의 하수인이 더 좋다고 떠들다가 겨우 한 시간 만에 주체 운운. 아무래도 분열 증세가 심한 듯하다. 교장이 술자리에서 K를 빨갱이라고 했단다. 그 자리에서도 어제처럼 오락가락 주체라는 말을 큰소리로 지껄였다면 그 교장의 언도는 정당했다. 저 정도면 술이 피를 부르는 초혼임이 틀림없다는 생각이 스치면서, 내가 그만 일어서자고 했을 때 K는 의외로 선뜻 밑자리를 털고 일어섰다. 외로움을 두려워할 까닭이 없다고 이래저래 예를 들며 얘기하던 K의 길거리 말은 기억나지 않는다. 먼저 택시 타고 떠난 그의 옷자락에 묻어간 말들. 늘 그랬던 것처럼, 알아도 그만 몰라도 그만인 그의 말들을 적어보기로 한 나의 약속도 거추장스러울 때가 있다. K의 말처럼 나도 머리를 떼고 배만 채우며 살고 싶은가 보다.

그래도 길 가다 오백 원짜리 동전 챙기듯, 그가 버린 몇 닢을 잊기 전에 적어두고 이제 일기장을 덮자.

제3부
학교 이야기

층층청춘

교정의 벚꽃 밑자리에 파릇한 아이섀도우 빛이 내걸리면 교실의 학생들이 뒤법석댑니다.
저놈의 꽃 다 진다고,
한번 봄은 영원한 봄이 아니라고,
그러니 우야든동 함 휘돌아 보자고,
소위 선생이 일구이언하냐고.

일단 반장이 넌지시 교무실에 옵니다. 입시생답지 않은 눈길과, 약간 비틀어진 듯한 웃음기와, 억울과 아쉬움이 눌린 청탁. 나는 자라목으로 창밖을 봅니다. 햇살은 익어 터지고, 바람이 가르마 없이 들뜬 날. 이런 조짐이면 꽃비가 더욱 내리겠지.
그래, 좋다, 나가보자.
왼 주먹을 아싸 후리고 부리나케 5층으로 소집령을 전하는 반장.

선생을 늘 모의고사 성적표처럼 멀찌감치 단절하는 그들. 그 비애에 대한 살풀이를 위해서라도 어김없이 학교 둘레 벚꽃 순례를 올해도 떠나야지요. 재개발 운운하는 근처 아파트 단지 내 제법 굵직한 벚나무들이 꽃처녀들처럼 동과 동 사이 계곡을 환하게 솟구치는 이때.

종이 치기도 전에 벌써
시퍼러죽죽 추리닝만 입은 놈,
슬리퍼 찍찍 끄는 놈,
아예 동막골 처자로 꽃 달고 반 미친 놈,
좀체 웃지도 않던 범생까지
모조리 칠락팔락 교문 밖으로 냅다 달립니다. 도대체 봄의 정체가 뭐길래, 들거나 나거나 애도 어른도 갈피도 체면도 없어지는지원.

아파트 동굴에 메아리치며 돌아다니는 열아홉 살 탈옥수들의 서른일곱 가지 쇳소리들.

동네 사람들 갑자기 구경거리 났습니다.
너거들 토낀 거제?
저기 샘도 오시는데요!

애서 태연한 척, 어기적어기적 뒤따라가고 있습죠. 눈길 닿는 데마다 눈처럼 흩날리는 꽃비, 슬쩍슬쩍 선생이 더 취해가고 있는 게지요. 바람에 사선으로 내리치는 꽃비 맞았다고 오만 불협의 비명을 질러대는 아이들보다 더 말이지요. 구석에 미리 몰려 한 해를 마친 꽃들을 움큼움큼 집어다 바람에 키질해 대는 아이들보다 더 말이지요.

빵 빵!
야들아, 차 다칠라, 옆으로 물렀거라.
고함을 질러도, 광란의 환희를 맛본 껍데기 몸들은 이미 어찌할 바엔 관심 없지요. 재작년보다 작년, 작년보다 올해 아이들이 더 선명하게 미쳐가는 것 같습니다. 어쩌면 선생이 조금 더 낯설게 멀어진 탓일까요.

함께 꽃 움큼 날리고, 폰카를 찍어대고, 노란 꽃 하얀 꽃 양 귀에 걸고, 괜히 죄 없는 가지 멱살 잡아 흔들고, 잉걸불 건너듯 겅중겅중 노루뜀까지, 대체 선생이 이래도 되는 걸까요.
으흠,
동네 사람들 눈치 보아 다시 뒷짐을 지릅니다.

선샌니~임,
쩌어기 아이스크림 50프로 세일이라는데요?

젠장, 꼭 공부도 안 하는 녀석들이 눈은 좋아요. 개당 350원 곱하기 37, 아~후. 입에 뭐 들어가니 갑자기 꽃동산은 영어 시간처럼 적막강산 됩니다. 꽃길에 춘풍에 입안에 도는 단맛. 얼얼한 입맛 다실 때쯤 갑자기 우주에서 되찾아 온 동네 어린이놀이터.

치마 뒤집어진다카이.

철봉이 와이리 낮노야.

난 미끄럼틀.

야, 가시나야, 이 지구를 좀 밀어바라.

옴마야 시소도 있네.

저 꽃잎들, 빠알갛게 뭉쳐져 버찌가 되는 11월이 되면 시험이 끝나려나요. 화무십일홍인데, 광합성을 잃어버린 열아홉의 뽀오얀 저 꽃잎들, 차마 피어날까 봐 두려워 애써 감춰버려야 하지요. 이 땅의 청춘들은 봄에 꽃이 피는 나무가 있는 줄조차 모르지요. 바람에 하릴없이 꽃이 날린다는 것도, 그들의 꽃송이는 피지도 않은 채 시든다는 것도, 모르지요. 알지만, 알아도 아는 척을 못 하지요. 아는데 모르기가 얼마나 쓰라린 줄, 어른이 되면 통한으로 남지요.

교문 앞까지 다시 왔습니다. 50분 수업에 딱 2분 남았군요. 굿판을 접어야 합니다. 마사 바람이 메마르게 휭 돌아 고개를 피하는 운동장. 모래 스크린에 가린 3학년 5반 공중부양소, 그 허공을 향해 웅숭한 계단을 오르는 좁은 어깨들. 낮은 목소리들.

  허, 저들만 아쉬운 것이 아닐진저
  두꺼운 건물을 지나 뒷문으로 빠져나오면
  거기 구석에 끽연소가 기다리지요.
  시절을 잃은 내 이름이
  담임으로 귀환하기 전,
  담배 한 개비 8cm 여유 정도는
  잠시 손아귀로 잡아야지요.

위대(?)한 하루

또 아침 여섯 시 이십 분이다.

벌써 아침상을 대충 마련해 두고 '삼촌 가게'―며칠 전에 안 일이지만, 그곳은 상점이 아니라 신발 밑창에 본드 바르는 공장이다―에 나설 준비를 하시는 엄마의 파운데이션 냄새가 김칫국 짙은 향수에 맞서고 있다.

알아서 챙겨 먹고 가래이,
담임샘이 또 전화하도록 기다리지 말고.

집 뒤 산업체 학교로 갈 건데, 괜히 인문계 고등학교로 보내가지고! 저놈의 산비탈 미끄러져 내려가서 40분을 더 버스 타고 가야 한다. 좀 늦으면 또 지각할 텐데, 악착같이 엉겨 붙는 잠을 구긴 신발 뒤축으로 끌면서 달려가 17번 버스를 기다린다.

근데 저 가시나는 아침마다 버스 정류소부터 꼭 저래 책 보는 척을 해야 되나? 책만 묵고도 배가 부르까. 저거 집도 형편없는 기, 진짜 밥맛이야, 에이.

　교문을 지나 오르막을 휙 돌아서면 보이는 저 사각형의 누르팅팅한 건물, 사각의 창틀, 사각의 동굴 같은 현관문, 비가 오나 눈이 오나 목을 매단 태극기, 햇살 가로막아 거부하는 도서관 건물의 그림자가 덜 깬 잠처럼 운동장에 널브러져 있다. 그 유령의 옷자락 같은 꼭짓점을 돌면서 나는 우리 교실로 가고, 그녀는 정독실로 간다.

　정독실! 그곳은 팔걸이 회전의자가 있다고 한다. 언제나 이용 가능한 온풍기 겸용 에어컨이 천장에 붙었고, 교장/교감/부장 샘들이 미리 기다리고 착실하다 어깨 두드려 주는 별천지.

　집이 먼 친구부터 일찍 등교하는 우리 반 교실은 벌써 창가에 모여 운동장으로 자라목 야유를 즐감하고 있다. 어이, 똥철아, 똥꼬 좀 빼라! 궁딩이 쪼개지것다.

　옆 반 석이가 찾아왔다. 야, 1교시 문학인데, 책 좀 빌리도.

새끼, 지 책값은 늘 PC방 아저씨 담뱃값으로 주면서! 야, 감아 가면 쥑이쁜다, 알았제?

1교시 시작 전에 담임이 들어온다. 저 인간은 간밤에 진땅 술을 마셔도 아침마다 교실에 꼭 나타나다니. 요즘 술은 물이가 뭐꼬.

야들아, 아침 독서 시간이다.
이늠아, 와 또 니는 책이 없노.

안 되는 공부보다 차라리 책을 읽는 게 더 남는 거라고 또 잔소리! 예, 저도 책 읽고 싶지요. 그러나 저한테 재밌는 책은 도서관에 없으니 하는 말이지요.

1교시는 국어 시간보다 더 많은 영어 시간이다. 우리말로 된 책도 읽기 싫은데 도대체 뭣땜시 왜 영어로 된 글을 배우라는지 도무지 알다가도 모를 일이다. 영어를 모르면 경쟁에서 진다고? 도대체 경쟁은 어디서 누가 만들었지? 누구를 위한 경쟁일까? 이기면 뭐가 좋지? 경쟁과 전쟁은 발음도 비슷하구만. 거 참 내가 모르는 것이 참 많구나. 진짜 영어를 잘하면 그런 것 다 알 수 있을까? 정독실에서 공부하면 알 수 있을 지도 모르겠군.

나중에 그 가시나한테 함 물어 봐야지.

2교시 문학, 3교시 사회, 4교시 기가, 5교시 또 영어, 6교시 수학, 7교시 영어 보충, 8교시 수학 보충, 9교시 국어 보충. 오늘 시간표 쫘악 보니 기가 차고 맥이 찬다. 그래도 기가 시간이 기다려지는군. 전산실에서 몰래 인터넷 게임도 할 수 있잖아.

 가만, 오늘 점심과 저녁 메뉴가 뭐지? 머니머니해도 묵는 게 남는 건데. 아직 1학년이라 선배들보다 빨리 먹을 수 없는 것이 좀 아쉽지만. 어쩌다 식사 시간 끝나갈 때 밥 먹으면, 밥맛은커녕 강제로 삽질하듯 퍼먹고 종소리에 놀라 후다닥 교실로 와야 된다. 젠장, 1,000명이 밥을 먹는데 꼴랑 50분이 뭐꼬! 이놈의 학교는 뭐시 그리 바빠서 밥도 느긋하게 못 먹을까이. 사람 몸도 기곈데, 뭐 잘 먹어야 제대로 돌아갈 거 아니가. 입으로 넣고 똥구멍으로 빼내는 일을 깔보다니 원.

 한마디도 귀에 솔깃하지 않은데 9교시까지 견디는 나는 참 위대하다. 게다가 저녁밥 먹고 다시 밤 9시까지 자습하는 나는 진정 영웅이다. 이런 모습을 시골 외할머니가 보신다면 아마 용돈 진짜 많이 주실 테지.

 으이구 내 시끼,
 공부하니라 얼굴이 꺼치리하네,

니는 꼭 판검사 될 끼다, 아믄.

그래, 나도 판검사 될 수 있다.
공부하자.
엄마 고생하는 거,
작년에 교통사고로 돌아가신 아버지는 모르겠지만
나는 안다.
엄마 고생을 위해 나는 꼭 판검사 될 거다.
날 선 양복 입고,
햇빛도 거부하는 구두 신고,
외칠 거다, 법, 법, 법, 밥, 밥, 밤,
뻑… 갑자기 뒤통수에 꽂히는 단소 마디의 뽈록한 고통!

얌마, 니는 하루 종일 자빠져 자다가 집에 갈래?
이늠아, 니는 언제 인간될래?
사람이 인간 되려면 노력을 해야지, 노력을!

갑자기 눈에 띄는 우리 반 급훈: 잠은 죽어서도 잘 수 있다!

담임 선생님이 내가 춤을 잘 춘다고 칭찬한 적 있다. 한 번 사는 인생인데, 제 하고픈 일을 즐길 수 있는 사람이 행복하다고도 했다. 진짜 그 말을 믿어도 될까? 자기가 선생이니까 하는 말이겠지. 내가 댄스를 배우러 가고 싶다고 하면 야자를 빼줄까? 아마, 아닐 거야. 아니지, 밑져야 본전인데, 내일은 꼭 담임에게 물어봐야겠다.

아직 비어 있을 집으로 가는 길, 이제는 밤이 되어 사각형의 건물도 사각의 그림자도 다 둥글게 가로등 주위로 모여드는 시각. 정독실 창문 불빛만 아직 사각으로 밝구나. 저 삼층 건물의 회색 벽을 뒤로 돌아서 교문으로 가는 내리막길! 문득 나보다 먼저 저 교실에 앉았던 어느 선배가 새겨 놓은 말이 생각난다.

'나는 내 길을 간다. 이것이 나만의 자유!' 진짜 그 말대로 그는 살았을까?

그나저나 우선 배고프다. 그렇지, 나는 '위대'하니까!

개구리와 올챙이

 오랜만에 만나는 동창들이나 혹은 낯선 모임에서 내가 고등학교 교사라 소개되면, 인사말로 건네는 첫 소절이 '요즘 아이들 다루기 힘들지요?'가 십중팔구다. '힘들다'는 단정을 미리 내리고, 그 현장에 있는 나를 자못 위로하여 묻는 말이다. '다룬다'는 말부터가 구시대 군사용어 같아 눈엣가시지만, 곰곰이 씹으면 씹을수록 이 말에 허탈과 오기가 솟는다. 그런 힘든 업에도 불구하고 생계를 위한 혹은 소위 철밥통을 위한 나의 철면피를 비웃는 것 같아 허탈하고, 청소년들의 비행사건 보고서만 열렬히 탐독하는 겉돌이들의 아는 체하는 꼴이 내 심지를 비틀어 올리는 것이다.

 나이 50줄이니 우리의 청소년기는 벌써 30여 년도 더 지났다. 그 듬성듬성한 아전인수 기억에 빗대어 함부로 요즘 청소년들을 오진하는 돌팔이들에게 나도 철없이 댓거리를 한다. 니나 나나 우리 시절은 그럼 어땠노? 기억 안 나나? 친구 보러 1반에서 2반 교실로도 함부로 드나들지 못했던 시절, 교무실에 들어가면서 '충성'의 거수경례를 붙이던 시절, 운동장에 모여 사열하고 원산폭격에 온몸 벌벌 떨던 시절, 그때 우리가 더 얌전했었나? 개구리 올챙이 시절 모른다는 유치한 속담으로 슬쩍 내 말을 흘려넘기는 자들도 있고, 오히려 안쓰러운 고갯짓으로 나를 더욱 위로하는 차마 감당하기 황당한 위인들도 있지만, 그래도 대부분은 '아차!' 하는 눈빛으로 슬그머니 나의 변론을 부담스럽게 받아들이고 있다. 괜한 인사치레 말을 건넸다가 말 많은 선생에게 또 한 번 훈시(!)를 받을 것 같은 귀찮은 눈길과 함께.

그렇다고 내가 저들의 기대대로 가만히 물러서 주지 않는다. 그들의 입에 발린 소금쟁이 오심에 한 번 더 발악을 한다.

아니다. 그렇지 않다.
지금 아이들은
아직 덜 쪼개진 통나무다.
지금 아이들은 작은 꾸지람에도
쉬이 터져 나오는 눈물방울이다.
제 혼자선 가랑잎 한 장 그려내지 못하고
쪼그려 앉은 몽당연필이다.
지금 아이들은
키를 견줄 형이 없어 작은 줄 알고,

입맛 투덜거릴 엄마가 없어 입을 닫고 산다.
우쭐우쭐 가라는 데를 갔다가
실금실금 오라는 데로 오는 스쿨버스다.
어쩌다 내지르는 욕설도 휘두르는 발길질도
다만 잃어버린 칼을 찾는 빈 칼집이다.
시대에 쪼그라든 팽팽한 가스 풍선이지만
어두운 방 홀로 있으면 오히려 드러나는 촛불이다.

해 아래 새로운 것은 없다. 3천 년 전 이집트 문자판에도 '요즘 젊은이는 못써!'라는 구절이 있다는데, 감히 30년 전 개구리가 오늘의 올챙이에 혀를 차다니, 적반하장이 이만저만 아니다.

'오늘의 우리'는 하루에 열 번을 만나도
인사의 목소리를 줄이지 않는다.
층마다 화장실에 휴지를 걸어 두어도 걷어가지 않는다.
재활용품과 빈 병을 혼동하지도 않고,
선생의 허리를 감싸 안으며 재롱떨 줄 안다.
부모가 이혼해도 원망하지 않고
동생 도시락을 챙겨 등교시킨다.
서면 거리에 영롱한 촛불을 밤새 피우기도 하고,
봉하마을 길을 묵묵히 따라 걷기도 한다.
통일을 위한 김밥 말기에 먼저 나서고,

〈월드비젼〉 활동에 감동을 먼저 따라 한다.
그러면서도 조용히 돌아앉아
'아이는 어른의 아버지'를 이해한다.

오월의 선생님께

 꼼꼼히 헤아리지 못한 채 넘긴 지난날의 여백을 돌이키면 그 안에 언제나 저를 무연히 지켜보시는 선생님의 눈길이 있어 늘 죄스럽습니다. '네 놈은 커서 뭐가 될라카노?' 흐린 듯 호령하시던 선생님의 모습이 겹쳐지면서 이제 제가 그때 선생님만큼의 나이가 되어감이 자꾸만 송구스럽습니다. 제가 이렇게 백묵을 들고 칠판에 침을 튀기며 선생님의 자취를 뒤따르게 될 줄 누가 알았겠습니까. 더구나 그때의 선생님 말씀을 되받아 제 입으로 다시 공명하게 될 줄 저는 미처 몰랐습니다.

 오늘 아침 3층 상담실에는 20년 전의 제가 서 있었고, 그때 선생님의 말씀을 제가 반복하고 있었습니다. '니가 언제까지나 청춘일 것 같으냐'시던 선생님의 말씀을 전해 들은 그 학생을 교실로 돌려보내고, 멀리 산이 내다보이는 창으로 고개를 들면 벙긋이 웃으시는 선생님을 만날 수 있습니다. 이렇게밖에 만날 수 없는 인연의 창이 오늘 갑자기 흐려져 오월을 핑계 삼아 선생님께 글을 보내고 있습니다.

그곳에서도 평안하십니까?

몸을 놓으시고 천지사방 마음길 따라 정겹고 신나는 데를 거침없이 다니고 계시겠지요. "인생이란 꼭 그럴 날이 있으니 그 전에 해야 할 일들 다 해치워야 한다."고 조는 저를 불러 세우고 하시던 말씀이 다시금 저를 편달하고 있습니다. 돌아올 수 없는 길로 세월은 걸어가고, 결국 저 산 너머 영원히 선생님을 뵙기 전에 나는 지금 무엇을 후회 없이 이루고 있는지 차마 자문하기조차 부끄럽습니다.

선생님! 멍한 눈빛으로 무심히 가라앉은 저희가 안타까워 쿠당탕 교탁을 굴리시며 "살아도 사는 놈들이 아닌 게야!" 유리창이 울리게 벽력같이 내리치시던 그때의 엄함처럼, 저도 학생들에게 어떻게 눈을 밝히고 살아야 하는지를 목 터지게 가르치고 있는 것입니까?

선생님! 밤늦은 자습 시간, 교무실에서 들려오던 "그래, 이놈들아, 너거들끼리 다 해처묵어라, 우라질놈의 세상!" 취한 듯 노한 선생님의 호통이 아직도 저에게 화두를 남기지만, 저는 과연 세상의 옳고 그름에 어연번듯이 대처하여 감히 동료들 앞에서 목소리를 높일 자격이 있습니까?

선생님! 어렵게 구입한 외제 기어 자전거가 지하도 벽에 부딪혀 앞바퀴가 휘어졌을 때, 그 많은 학생들 앞에서도, "아이구! 내 자전차…", 두서없이 눈물을 보이시며 애석해하시던 선생님의 모습처럼, 저도 일 푼의 가치도 없는 권위와 체면 같은 거 추호도 개의치 않고 세상 사람들 더군다나 학생들 앞에 그 순수성을 낱낱이 보여주고 있는지요?

선생님! 가정 환경이 좋지 않아 시골에서 통학하기가 어려운 한 학생에게 일 년 동안 건넌방을 내준 선생님의 뒷얘기처럼, 저도 드러나지 않는 진정한 사랑으로 주위와 학생들을 위하며 살아가고 있습니까?

선생님! 또 얼마나 많은 일들을 후회 없이 살아야 하는지 잘 알고 있습니다. 비록 선생님의 말씀이 살아 있는 저에게 들리진 않지만, 어두울수록 빛이 더욱 선명해지는 것처럼, 저에게는 선생님의 말씀이 갈수록 더욱 뚜렷이 들려오고 있습니다. 무엇을 어떻게 살아라 하시는지 저는 잘 알고 있습니다.

그리운 선생님!

세월이 윤회하듯 졸지에 가신 지 어언 십 년, 그러나 선생님은 분명 저 오월의 새 기운으로 일어나 예전보다 더욱 제 몸과 가슴을 데우고 계십니다. 1교시 시작종이 힘차게 울리는 지금, 상담실 안에는 선생님에 대한 그리움과 저에 대한 다짐으로 가득합니다.

아직은 동사의 계절

 5층 공중에서 창밖을 내다본다. 오래 기다렸던 다목적홀 신축이 쑥쑥 살을 붙이며 커지고, 학생들의 뜨거운 발바닥에 데어 풀 한 포기 없어도 운동장은 부처님 손바닥처럼 기다리고 있다. 벚나무, 은행나무, 느티나무, 한 번도 퇴근하지 않은 저 지킴이들. 뒤돌아볼 새도 없이 기억의 옷깃을 뚝뚝 떨어뜨리고 다시 맨몸으로 버틴다. 어쩌다 코로나19 등쌀에 사람과 사람 사이의 거리 두기가 오히려 자연스러운 시절들. 맥락 없이 그저 앞으로만 흐르다 문득 뒤돌아보는 어느 날에 저기 지나온 물결 위로 불쑥불쑥 추억의 부표 하나 없다면 공연히 슬픈 일이다. 햇살에 반짝이는 비늘 하나 겨우 남긴 겨울나무들이 그래서 더 쓸쓸하다. 쓸쓸하다가 아니라 쓸쓸해 보인다.

 여기서 밖을 바라본 지 삼십 년 가깝다. 어느 해 봄날처럼 이곳에 들어와, 늘 여름뿐인 학생들과 사계절 돌고 돌다 이제 나만 겨울이 되어 헐렁한 외투처럼 서 있다. 낙엽에 쓸려 내가 스러져도 왼쪽 정독실은 여전히 늦도록 불을 켜고, 새로 세우는 체육관 건물은 싱싱한 근육질로 학생들과 어울리고, 진입로 가장자리 나무들은 이러쿵저러쿵 또 수백 년 잎을 피울 것이다. 운동장의 흙, 옥상을 건너는 바람, 이웃 아파트의 창문, 백양터널 오르는 가쁜 자동차 발소리, 멀리 엄광산 능선의 나른한 아우라… 그들의 변화보다 사람의 변화는 빠르고 짧다. 무상한 건 사람이 우선이다. 그래서 어쩌라고?

몸에 갇힌 생각들을 끌어내어 새김질하는 이 버릇이 언제부터 내게 붙었을까? 뒤돌아보면 초등학교 시절, 교실 창턱에 팔을 매달고 창밖을 내다보는 내 뒷모습이 보인다. 어깨만큼 높은 창틀 너머로 눈길 내던질 때, 등 뒤에는 난로의 장작이 타닥거린다. 달그락달그락 교실 도시락 소리보다 운동장에 둘러선 플라타너스 방울 소리가 더 가까웠을까. 뒷문에서 의자까지는 겨우 몇 걸음인데, 교문 밖으로 들판을 가로질러 향율지(鄕栗池)를 돌아 멀리 남산으로 마구 걸어가고 있었을까. 이마에 따스한 햇살보다 '어린 왕자'의 사막 열기를 더 느꼈는지도 모른다. 여기 발바닥 넓이가 내 땅이 아니야, 나는 걸리버 거인처럼 저 산을 훌쩍 넘어갈 거야, 생각하다 문득 수업 종소리 들었을 것이다.

어쩔 수 없이 반복되는 일상을 슬쩍 비틀어 엇길로 드는 버릇은

여전하다. 예를 들면 이렇다. 품사를 가르치면서,

세상에는 명사가 이미 충분하단다. 왜냐하면 명사는 오래전부터 조물주가 만들었기 때문이지. 뭔가 아쉬운 듯 애써 명사를 요리조리 꾸며보려는 형용사는 그래서 애처롭거나 참 볼품없는 거란다. 게다가 부사라니! 처세에 미련을 버린 삶의 진정은 세상의 모든 부사를 무시할 때 비로소 얻을 수 있는 거지. 차라리 접속사로 내 이웃의 영역을 넓히는 게 더 살 만한 거 아닐까? 접사는 마음의 어근을 엉거주춤 굴절시키는 시인들의 말놀이고, 파생어에 스스로 감탄하여 본의를 놓치는 어리석은 꼰대들, 그래서 문법책의 팔 할은 동사라야 한단다. 그것도 상태동사가 아니라 동작동사라야 하지. 왜냐고? 시간을 역동적으로 따라붙지 못하면 품사는 죽음이기 때문이지. 어허 저기, 지금 동사 수업 시간에 잠을 자는 학생이 있구만!

발바닥보다 높은 머릿속 세상에 들어가는 아바타 놀이도 즐겁다. 대상의 한 모서리를 잡아 늘여 다른 골목으로 끌고 가는 놀이. 작고 하찮은 일들을 빌미로 몽상의 무임승차에 불쑥 들어가는 황망한 일탈. 상상에서 시작한 추상이 그럴싸한 논리와 버무려지고, 다시 산뜻한 희망이나 신념을 덧대 다음날 내 동사의 자그마한 이정표가 되는 재미. 나는 비록 한 몸이지만 또 다른 길을 염탐할 수 있다는 은밀한 자부심. 이 '엇길의 버릇'은 겨울나무 가지처럼 아직 내 허공의 바람을 견디고 있다.

그렇다고 '몽상'으로 이 계절의 품사를 놓칠 순 없다. 오래 익숙하다고 학교 일을 마다하랴. 그렇게 낮의 종종걸음뿐만 아니라 밤의 덧일에 멈추지 않고 쏘다닌다. 좋은 영화를 함께 보는 '엔딩크리딧', 민주를 사랑하는 노래가 우렁한 '박종철합창단', 시대의 소주 맛을 가르쳐주는 '민들레', 나라 살림 걱정하는 독서모임 '대천1126', 그리고 문학을 이고 진 사람들의 '시작나무', '목요시선', '시에문학회', '부산작가회의'…

도시 생활의 한 주는 닷새의 밤낮으로 늘 모자란다. 역마살의 내 차는 주말마다 내달린다. 지리산 아래 마련한 집은 가린 벽보다 트인 창문이 더 많다. 종일 햇살 등지고 책을 풀어도 좋지만, 화단도 돌보고 감자도 줍고 밭도 돌려 눕히고 들을 훑고 산을 더듬고 바람도 가르고 별도 읽어야 한다. 동네 이웃과 모여 밥상머리 군소리에 달뜨고, 일없이도 장날 저잣거리 함께 설레발치고, 먹으나 마나 한 술발로 오지랖 서로 넓혀야 한다. 계절보다 먼저 나는 내 일을 찾아다닌다.

발을 움직일 수 없을 때는 창턱을 넘어 생각으로 고비사막을 다시 가고, 머리 덜 쓰는 따스한 주말의 일 앞에는 양지의 사금파리처럼 즐거이 몸을 맡긴다. 어쩔 수 없이 둘러쓴 보자기 안에서 막힌 숨 헐떡이다 한세월 채울 순 없다. 상상이든, 활동이든, 내 남은 계절의 구석구석을 들춰내야 한다. 다 드러내고 결국 빈 항아리로 누우면, 더 이상 나를 만나지 않고 지나가는 바람이 들어와 우~우웅 주둥이를 메울 것이다. 그때까지는 아직 동사다. 동작동사.

제4부
시 이야기

작은 것

"까치가 놀로 나온/잔디밭 옆에서//가만히 나를 부르는"(이해인 시, 「봄까치꽃」) 집 가까이 어스름을 산책한다. 가만히 둬도 저절로 흐르는 이 저녁이, 저기 길고도 먼 낙동강 물의 어느 한순간이라 생각하면 삶은 참 아득하고 무모하다.

벤치에 앉는다. 눈길을 내려 다릿발 둘레의 풍경을 본다. 흐릿하여 폰으로 찍고 무릎에 놓고 확대해 본다. 흙 알갱이, 바스라진 지난가을의 잎, 어린 풀싹, 모래를 기어오르는 벌레들, 그들 아래 받든 어둠들… 맨눈으로 잘 가늠되지 않는 존재들이 서로 엇갈리며 어우러져 바둥거린다. 큰 세상이라 해도 모두 작은 것들이다.

나를 지나 호젓이 걷는 저 노인의 걸음걸이도 어느 날 작은 배냇짓이 쌓은 몸짓이다. 길섶 우뚝한 저 바위도 진흙 한 톨씩 백만에 백만 개가 천만년 다져진 살덩이다. 강물이 저렇게 두툼한 것은 골짜기 더듬어 시작조차 찾을 수 없는 어린 물방울들의 만남이요, 바람만 겨우 닿는 저 메타세쿼이아 우듬지도 그 첫날은 초라한 움에서 밀쳐 난 배아이다.

가느다란 어깨를 서로 비비며 수군거리는 갈대들, 그 헝클어진 숲길을 안내하는 길고양이 작은 눈알. 부동으로 강을 지키는 벤치 아래 웅크린 낮은 어둠들, 누군가 그 어둠을 위로하다 남겨 둔 한 줌의 향기. 그 작은 향기에 젖어 찾아온 어린 들풀들의 키 크는 소리, 그 왁자함에 꿈을 품고 부푸는 4월의 대지를 수긍한다.

작아서 가죽을 엮는 바늘처럼, 작아서 온 하늘을 꿰는 별들이 드러난다. 별빛보다 더 큰 저기 아파트 칸칸의 불빛들, 길고 먼 별의 시간을 잘게 쪼개고 무주공산 이 땅을 촘촘히 잘도 견딘다. 그러나 별이 작다고 내치지 못하듯, 지금 내 눈에 큰 것을 크다고 부추기면 안 된다.

작은 것에 숙연한 사랑은 그보다 더 크고, 큰 것에 맹종한 사랑은 그만큼 더 작다. 작은 우리끼리 커지는 수밖에 없다. 그런 우리를 '크게' 보이려고 일부러 멀리 나앉은 별의 아름다운 뜻이다.

망덕포구에서

 구름의 흉내대로 구부정구부정 걷던 섬진강 물이 이곳 망뎅이*에서 쉰다. 고향으로 다시 돌아가기 전, 배알도를 감아 안고 온몸 햇살로 씻는다. 일상을 묶고 나루에 건듯건듯 졸고 있는 빈 배를 건들다가, 망덕산 자락의 집 한 채를 기웃거린다. 백영 정병욱의 가옥, 함께 바다를 건너지 못하고 이 집 마루 밑 단지 속에서 살아난 윤동주의 『하늘과 바람과 별과 시』. 허름하던 차림새를 여기저기 깁고 누비어 이제는 아예 '관광 상품'이 되어버린 집. 시집보다 이 집을 먼저 읽는 사람들이 제법 들락날락한다.

 갈수록 하루가 너무 짧다. 세월에 풍화되는 몰골을 꼬박꼬박 곁에 재우는 날이 느는 만큼, 한 해의 무게는 가벼워져 균형을 이룬다. 어디서 뭔가 놓친 거 같고, 누구와 무슨 얘기를 더 나눌 거 같고, 한 치의 틈이 없는 강물에 속은 것도 같고… 내가 나를 들쳐업고 한껏 어르고 싶은 나태다. 친근하다. 어두울수록 가까운 별을 짖어대는 "지조(志操) 높은 개"(윤동주 시, 「또 다른 故鄕」)도 없이, 하루와 기꺼이 타협하고 내일이 오늘과 다름없음을 오히려 다행으로 기대하며 겉돈다.

 그럴수록 가렵다. 내 없이도 뜨거운 해와 식은 달. 내 아니어도 아귀 맞아 돌아가는 지구. 나는 마냥 눈에 마주치는 대로 귀에 걸리는 대로 어거정어거정 걷는다. 잠도 깊은 잠까지 초대받지 못하고, 불쑥 어느 나루에 털썩 내딛는 개꿈들. 이 예정 없고 터무니 빼버린 날들로 만기일을 채울 것인가. 나는 왜 이런 사치에 우주를 팔아넘길까?

 하늘의 별을 따듯 다부지게 외치던 어젯밤 개구리의 연정은?
 민들레 홀씨가 바람을 부여잡고 되는대로 떠나가는 까닭은?
 두 동강 나더라도 젖은 아스팔트 배밀이로 건너는 저 지렁이의 다짐은?
 모이고 모여 주저 없이 무량한 바다로 꾸역꾸역 모여드는 섬진강물의 배짱은?
 검은 재를 품고 낯빛만 붉게 유혹하는 이 꽁초의 속셈은?

 그래, 담뱃불 꺼지기 전에 일어서자. 내 버릇 개 주러 가자. 내가 기웃거리는 배알도는 꿈쩍하지 않을 것인데 이대로 가만히 편승할 수만은 없다. 이국의 싸늘한 감방에서 어처구니없이 저버린 그의 삭신처럼, 시의 꽁무니에 반딧불을 달고 스러진 그의 전설처럼, 가끔 여기 망덕포구의 마루 아래 숨어서도 기어이 꿈을 꾸던 그의 별처럼, 불어도 불어간 만큼 다시 코끝을 스치는 바람처럼.

*광양만을 한눈에 지켜볼 수 있는 곳이라 하여 지어진 '망덕포구'의 옛 이름

고향에 남은 사랑

저녁 여섯 시, 주말의 고향 집 빈 마당에 서 있다. 와르르 지쳥구를 떨던 새소리가 욱을 때쯤, 뻐근한 사랑방 돌쩌귀를 열고 창호문 밖으로 나서면 거기 대문 밖 갈림길 모롱이에 등롱잡이처럼 가로등 하나가 서 있다. "겨울밤 맨발로 서서 남의 발등을 비추는 가로등"(목필균 시, 「겨울 가로등」). 오래전부터 사람 끊어진 이 집을 밤마다 지켜보는 저 불빛의 눈에 나는 무엇일까. 내 반쪽을 스캔하면, 내 등 뒤에 붙은 그을음의 정체를 알아낼까.

저 불빛의 내력이 사람살이와 비슷하다. 낙동강 댐의 푸른 낙차 소리에 태어났거나, 대관령 둔덕에 휘이휘이 날개처럼 자랐거나, 혹은 열 받아 죽었다가 기장 바닷물에 소생하였거나, 어쨌거나 이 우금 저 우금으로 머리끄덩이 잡혀 여기까지 왔는데, 지은 죄 하나 없이 대낮이면 닫혀 살아야 하고, 눈앞 세상 모두 캄캄하면 겨우 반경 칠 미터 마당에 주저앉는, 그의 팔자나 내나 도긴개긴이다.

삭풍이 솔잎처럼 이마를 찌르고 오쓸오쓸 댓잎이 귀밑을 하비고 이만 볼트 가슴을 토해내는 너의 하심(下心)은 점점 또렷해진다. 담 너머 물러선 어두운 고샅은 듣지도 보지도 말아야 한다고 짙게 감추면서 내 발등은 기어이 도려내는 너는 무슨 심보인고. 우두망찰 검은 수의 두르고 누군가의 임종을 기다리는 조종처럼, 우리는 서로 마주 서 있다.

　너도 지난날 푸른 물과 살뜰한 바람의 추억으로 지금 환하지만 나도 "시들지 않은 종이꽃" 같은 사랑 때문에 여기 와 있다. 새벽 댓바람에 사립문 가득 지겟다리 밀치던 사내의 사랑, 늦은 호롱가 윗목에 돗바늘 누비이불 시치던 아낙의 사랑, 머리칼 빳빳하고 눈이 째진 아이, 팔뚝이 굵고 보리밥을 훔쳐 먹던 아이, 다리가 길고 이마가 좁은 아이, 그리고 가장 오래 산 아이의 사랑까지.

　마루 아래 멍석이 궐련처럼,
　굴뚝 옆 복실이가 똬리처럼,
　마당가 짚 뒤주는 望山처럼,
　지붕 위 호박들이 흥부처럼.

　애써 번지고 끄집어낸 우리의 사랑이 눅어가는 새벽, 사윈 종이꽃의 재처럼 한두 송이 눈꽃이 어른거린다. 길 위에 선 채로 너는 다시 눈을 감고 잠들겠고, 희멀건 옷자락에 설흔을 털어내고 툴툴 나는 돌아갈 것이다. 너는 이 집을 또 비우고 나는 도시를 또 채우러. 네가 잠들면서 내게 넘긴 지상의 그림자에 빌붙어. 아직은.

여기가 숲이라서

"숲은 신간으로 그득하다."(반칠환 시,「나무서점 방문기」) 어떤 숲은 마치 기분 좋은 시 한 편처럼 온몸을 감싼다. 어떤 시는 마치 아늑하고 친절한 숲처럼 마음을 눅인다. 숲에서 읽어내는 시와 시에서 엮는 숲은 서로 같다. 숲이 시집이요 시가 숲이다. 어쩌다 그 속에 깊이 머물고 눈을 감아도 본전은 된다.

시인은 숲에서도 언어를 찾아낸다. 봄날의 새순 끝에 맺힌 빗방울의 호기심을 시인은 정성껏 살펴 언어 위에 앉힌다. 여름을 핑계로 거들먹대는 골바람의 뒤태를 시인은 자르지 않은 언어로 배웅해 준다. 햇볕의 열정과 자벌레의 몰입을 시인은 다정한 언어로 위무하고, 가난하여 막무가내인 가을의 억지를 시인은 달래어 언어의 숲에 쟁여둔다. 어느 삶에나 겨울이 있지만 그 공포 아래에도 꿋꿋한 숲의 언어를 시인은 불칼처럼 상기시킨다.

자연은 어디에나 시들이 얽혀 있다. 나뭇잎에 쓰인 햇살의 글자도 시인은 읽는다. 멧새 깃을 떨어 계곡을 채우는 바람의 노래를 듣고, 시냇물 속 어름치의 속살거림과 말을 나눈다. 소통이 사람뿐인 줄 알지만 시인은 모든 유정과 무정의 입과 귀와 가슴을 번역하여 고치에 실을 뽑듯 시인은 찬찬히 한 편의 시로 깁는다.

　시인에게 시간의 단절은 없다. 봄이든 겨울이든 언제나 출발점으로 감당한다. 늘 시작일 뿐 끝은 없다. 탄생이 죽음의 시작이요 죽음이 탄생의 시작이라서, 삶과 죽음은 둘이 아니다. 이 무한의 굴레에 시인은 제 할 일을 다 한다. 겨우 갖춘 언어라도 가로, 세로, 높이의 그물코로 엮어 시간의 출렁다리를 이어가는 일, 그런 시인을 만나면 우리는 행복하다.

　우리는 모두 시인이다. 우리가 바로 봄날 어린싹에 돋은 빗방울이고, 우리가 여름날 제 잎을 태우는 뜨거운 햇볕이고, 우리가 바로 아랑곳없이 주변을 쓸어가는 가을바람이고, 우리가 눈발 아래 삭아도 사라지지 않는 숲의 정기다. 나를 보면 내가 숲이요 언어요 시집이다. 내 입에 우물거리는 수많은 이파리, 내 귓전에 잘박대는 끊임없는 물소리, 내 가슴에 들렀다 훌쩍 떠나버리는 무량겁의 바람, 꼭꼭 집어내어 언어로 박음질하면 되는데.

　우리가 가끔 숲속에 들어

잃어버렸거나 잊어버린 우리의 시인을 되찾아
그래서 숲과 우리가 서로의 글이 된다면.
한 자 한 자, 한 장 한 장
도저히 떼어낼 수 없는 글로 가득하여
다시 한 권의 시집이 된다면.

낮아지는 오월

 먹지 않고 사는 길이 없다. 고래가 새우를 먹고 살고, 나무가 햇빛을 먹고 산다. 바다가 강물을 먹어 태평하고, 바위가 진흙을 먹어 단단하다. 그래도 먹고 먹히는 배려가 서로 없이 사는 길도 없다. 고래는 썩어 새우 등살로 돌아가고, 바다는 구름이 되어 강물을 부풀리고, 바위는 다시 흙으로 부서진다. 우주는 영원한 시간을 먹고, 영원한 시간은 우주를 유지한다. 다만, 희생을 먹고 견디는 인간만이 희생의 은덕을 모르고 오만하다.

 사람이든 개든 먹을 때는 밥그릇으로 숙여야 한다. 살기 위해 먹으려면 적어도 입을 밥그릇만큼 낮춰야 한다. 개는 머리를 배보다 아래 두고 먹는데, 사람은 곧 죽어도 입을 배보다 높이 두고 먹는다. 기어이 밥그릇보다 머리통이 위라고 우긴다. 스스로 입을 배보다 높이 세운 그날부터 우리는 점점 바닥과 멀어졌다. "햇살과 바람이 깊게 스민/그릇의 밑바닥이 가장 맛있다"(정호승 시,

「밥그릇」)고 핥는 개보다 못하다.

머리가 아니라 배를 채워야 산다. 무리 속의 '인간(人間)'에게는 머리가 필요하지만, 삶과 동의어인 '사람'에게는 배가 우선이다. 네 발바닥으로 지평선과 수평하게 살던 시절을 거부하고, 배를 하대하며 터무니없이 우쭐해진 머리가 세상을 지배하면서 우리는 근본을 종종 놓친다. 근본에 못 이겨 하루에도 몇 번 밥그릇을 찾지만, 그릇 안에 든 밥만 싹싹 긁어먹는다. 그저 머리를 위한 배의 예속 관행이다.

하늘에 가깝다고 머리를 숭배해 온 지난 수천 년 인간의 역사에도 불구하고, 사람은 아직도 개처럼 밥그릇을 핥으며 살아야 하는데, 진정 그 밥그릇의 소중함을 모른다. 밥알 쏟지 않고 담아주는 바닥의 희생을 모른다.

배만 불리고 냅다 버리는
밥그릇처럼,
성장 뒤 뒷전에 팽개쳐진
시대의 약자들.
햇살과 바람처럼 우리 몸에 스미는 그들의 맛,
우리는 자꾸 잊으려 애쓴다.

낮아지기 참 어렵다. 밥그릇과 밥그릇의 바닥까지 낮아진다면 우리는 서로 싸우지 않으리라. 머리로 쥐어짜 낸 주의니 돈이니 능력이니 경쟁이니⋯ 온갖 상상의 총칼로 더 이상 물고 뜯지는 않으리라. 산다는 거, 결국 한 톨 한 톨의 밥알 덕분이다. 성실한 바닥이 받쳐준 바로 그 밥그릇 안에 우리의 삶이 있다. 고개를 숙이고, 내가 밀친 밥그릇을 당겨 따뜻하게 핥으면, 오월의 우리 머릿속이 한층 맑아지겠다.

늙은 호박처럼

　정보와 언어와 화폐와 여행으로 세상은 점점 하나로 좁아지는데 그 속을 채우는 사람들은 오히려 점점 분리되어야 합니다.

　거대한 회사 건물 쪽으로 함께 출근하면서 우리는 각자 갈 방만 겨누고 갑니다. 가끔 건널목 앞에서 멈칫하지만 우리는 쉬지 않고 콩나물처럼 머리 숙인 채 갈 길만 가면 됩니다.

　한 버스와 한 지하철을 타고 함께 다리를 건널 때도 우리는 서로 발등조차 건드리지 않습니다. 옆자리에 앉아도 서로 눈은 휴대폰에 박고 귀에 이어폰 박고 각자 내릴 곳에 내리면 끝입니다.

　한 영화관에 한 영화를 보면서 우리는 각자의 좌석 번호를 찾아 앉습니다. 지금 듣는 음악이 즐거워도 서로 어깨를 치지 않고, 지금 보는 장면에 감동해도 각자 조용히 눈물 흘려야 예의 바릅니다.

거대한 아파트 건물 안으로 함께 귀가하다 문득 지친 눈길이 서로 마주치면 어색합니다. 공공의 엘리베이터 안에서 어깨라도 부딪히면 무조건 적입니다. 남/여 사이라면 아예 일급 살인범으로 몹니다.

그렇습니다. 점성 강한 찰흙을 이겨 세우기보다 모래처럼 따로 서걱거리는 성을 쌓고, 그 숭숭한 성벽을 믿고 위태―위태 불안―불안 각자 살아가야 합니다. 그게 존중이고 민주주의입니다. 맞습니까?

각자의 자리에서 군소리 없이 각자의 할 일에 익숙해지면 이 사회가 원만하고 평화롭다 여깁니다. 진짜 그렇습니까? 우리가 진정 이런 사회를 꿈꾸었습니까?

황구하 시인의 시 「화명」을
한자(漢子)로 어떻게 쓰면 좋을까요?
온갖 생명과 물상들의 소리가 함께 어울려 울리는
화명(和鳴)이겠지요.
그래서 온갖 꽃이 피어 환한
화명(花明)의 세상을 꿈꾸는 것이겠지요.

세상의 모든 생명은 서로의 "소리가 소리를 키우는 눈부신 고요"(황구하 시, 「화명」) 속 '넝쿨넝쿨 이어져' 있음을 늙고 오래된 호박은 잘 알고 있습니다. '덩, 덩 공명의 북소리'가 증명합니다.

빨랫줄 걸린 집

처음 우리에게 '집'은 무엇이었을까? 수백만 년 유목민으로 살다 물 맑고 땅 기름진 곳에 왜 집을 짓고 정착했을까? 산과 들과 바다의 자유를 버리고 어쩌면 구속인 집을 택한 이유가 무엇일까? 방임 같은 자유가 평면이라서 그 무변광대를 감당하지 못하고 스스로 벽 속으로 숨었다면,

무서웠을까?
외로웠을까?
아니면
서로 손을 잡을 수 있는 최소의 공간이 따스했을까?

지금은 집이 무엇일까. 아무 쪽으로나 길을 낼 수 없고, 아무 일에나 먹고 살기 힘들고, 아무 데서나 잠잘 수 없는 세상, 차마 애국심도 검열당하는 세상이다. 예나 지금이나 규격화되지 않은 자

유는 오히려 당황스럽고 불안하다. 막힘없는 곳은 더 이상 자유 지대가 아니라 오히려 하늘과 땅 사이에 짓눌린 추방 지대다. 우리는 그 틈새를 맞버틸 기둥을 세우고 모든 소통을 막아야 안심이다. 사람이 인간으로 진화하면서 방어의 우리가 필수적이다.

사람과 인간은 다른 말이다. 사람은 '산다'는 말이고, 인간은 '사람끼리'라는 말이다. 사람은 혼자 살지만, 인간은 어우러져 산다. 사람은 '나'이고 인간은 '우리'다. 인간으로 살아도 결국 사람이지만, 사람이면서 우리는 '인간적'으로 살아야 한다.

그래서 우리는 가장 인간적 공간으로 집을 짓는다. 그 안에서 우리는 "광복절 국기를 매다는 것보다/빨래를 매다는 일이 소중하다"는 것을 깨닫는다. 서로의 상처와 고민과 고단함에 젖은 빨래들을 널어 말려주고, 바지랑대를 놓아 삶의 누적된 무게를 다시 팽팽하게 떠받쳐 준다.

그러나, 집을 지을 수 없는 사람들이 자꾸 많아지는 세상!

이순호 시인의 시들이 깃들어 사는 『낡은 상자 헌 못』 시집도 살갑고 정겨운 집이다. 제주도 감귤 농사꾼인 시인이 직접 지은 시집. 공장에서 대량 복제한 책이 아니라, 한 권씩 손으로 묶은 집. 사람의 삶이 한 편의 시(詩)라면, 한 편씩 실로 꿰고 광목으로 감싼 이 시집은 진정한 '시의 집'이다. 이런 시집에 들면 머리가 또렷해지고 삶이 먼지를 털고 가벼워진다. 광야에서 비로소 집을 찾은 유목민의 미소처럼.

늦게나마

어느 생명체나 꽃을 가진다. 생애 절정기에 자기 복제의 욕망은 섭리다. 영원할 수 없는 존재를 영원의 차원으로 끌어올리는 필수 단계다. 그래서 꽃은 간절한 기도요 성스러운 의식이다. 다만 만사가 자연스러울 때 모든 꽃은 제 몫을 이룬다. 그러나 그게 어디 쉬운가! 꽃 피는데 바람 부는 날이 허다하다. 이것도 자연스러운 장면인가?

무엇보다 꽃 주변엔 사람들이 득실거린다. 꽃인 줄 모르고 밟아 으깨는 부랑자들. 꽃인 줄 알면서도 희생을 강요하는 포식자들. 그들은 바로 사람들이다. 눈요기로 꽃을 꺾고, 먹거리로 꽃을 자르고, 돈벌이로 꽃을 희생한다. 사람의 기호품인 담배 잎을 위하여 담배꽃은 무참히 잘린다.

"잎 그늘 아래 시들어 가던/비명소리"(나희덕 시, 「담배꽃을 본

것은,)에 시인은 조사(弔詞)를 쓴다.

나는 담배꽃 비명에 익숙하지는 않아도 감자꽃 사연을 좀 안다. 사람이 먹을 지하 덩이의 투실함을 위하여 감자꽃은 꽃대 오르자마자 낫으로 툭, 툭, 잘라버린다. 한때 감자는 꽃을 피우지 않는다고 우긴 적도 있었다. 늦게나마 지금은 텃밭의 감자꽃을 그대로 둔다. 감자꽃 여럿이 나를 지켜보는 날, 하얀 감자꽃의 과거사를 두고 나는 참회하는가?

세상의 주인이 사람 맞나? 설령 주인이라면 이렇게 꽃을 멸시해도 되나? 더군다나 사람이 사람의 꽃대를 잘라 이해(利害)의 그늘 아래 내다 버려 꽃이 피기도 전에 시들게 하는 세상이라니! '세상이 원래 그렇지 뭐'라고 자연스럽게 여긴다면, 우리는 누구도 꽃 앞에 카메라 들이밀고 감탄할 자격이 없다. 왜냐하면 사람을 지워야 모든 피사체가 자연스럽기 때문이다.

부정하고, 또 부정하며

 사람이 나무가 된다면 물구나무가 되겠다. 아무리 다져도 용천에는 뿌리가 나지 않을 테니, 잔뿌리 같은 가락 내린 손바닥을 땅에 박으면 사람도 식물일 수 있겠다. 두 팔과 머리로 잰 삼각형이 안쓰럽게 서럽게 지구에 매달린다고 비죽댈지 모르지만, 속속들이 썩은 지구를 그래도 당당하게 떠받치는 꼴이기도 하다. 전도를 전도시키려면 세상 모양대로 뒤집어야 바로 보이기도 하겠다.

 아무튼 물구나무서는 시인들이 많아야 할 때다. 다 큰 자식을 품 밖으로 내치듯, 잘 익은 자기 뜻을 좇아 두 눈 부릅뜨고 굴렁쇠 굴리듯 세상을 어루만지는 시인을 만나고 싶다. 나고 자란 풍토로 얽어걸린 서정 따위를 우려먹는 시인보다야 대중의 서사 앞에 함께 통절하는 마하야나 시인이 이런 시대에 절실하지 않은가 싶다.

 창씨개명 시대의 어떤 시인들은 문필보국하는 행세로 영달을 탐

하거나, 어떤 시인들은 악독하게 대거리하다 싸대기를 맞거나, 아니면 싸리문 장지문 닫고 예술아 놀자! 우리는 진정이다! 따로 판을 꾸미거나, 했을 것이다. 시대가 바뀌었다고 그런 풍속이 바뀔까마는, 다만 나는 요즘 자꾸 싸대기 맞고도 울지 않는 시인들 쪽으로 마음이 기운다.

독일의 'kapo'나 우리의 '낙랑클럽'의 행적을 들먹이면 더러 시인들이 언짢아하고 오히려 세상을 모른다고 나무란다. 착한 사람들이 모자랄 때, 마을 어귀에 '착하게 살자'라는 선돌을 박는 착하지 않은 사람들의 기발한 처세가 바로 "직립 보행이 낳은 문명의 병폐"(박석면 시, 「물구나무서기」)라고 단언하고 꾸짖은 시인은
김남조일까?
박석면일까?
그렇다. 수많은 사람들이다.

한 사람의 말이 다른 사람의 말에 올라타면 두 사람의 말이 다시 네 사람의 말이 되고 마침내 수많은 말이 광장을 내달리게 되는 거다. 그래서 사람 사는 세상에 사람이 바로 서서 살 수 있는 거다. 그런 한 사람의 처음 말은 뾰족하다. 뾰족하여 깊이 찌른다. 찔리어 뼛속에 박은 고름이 빠져나온다.

머리로 하늘의 뜻을 바로 받기에 사람은 개가 아니다. 그래도

발바닥이 땅에 붙었지만 사람은 새가 아니다. 물을 먹어도 물속에는 살 수 없어 사람은 상어가 아니다. 그러나 유대와 양보와 협력의 신탁을 내팽개쳤으니 사람은 도저히 어느 짐승도 아니다. 도대체 사람은 언제까지 부정하고, 또 부정하는 존재로 살아야 하는가!

1975년 광주에서 사회과학서점인 '카프카'를 운영할 때 '물구나무서기' 운동으로 세상을 뒤집어 인내했던 그를 생각한다. 겨우 마흔여덟에 이놈의 전도된 문명 세계를 먼저 떠났지만, 그의 말대로 '시인은 시인이 아니라 전사'일 때도 있어야겠다. 덕분에 그의 시선집 『꽃 속에 피가 흐른다』를 다시 뒤적거린다.

무상하여 충일하게

뭐가 뭐도 아니 될 듯한 날이다. 손바닥으로 막을 수 없는 가을 바람 같은 한 편의 글을 읽고 뜸을 들인다. 한 줄 바람을 시원스레 읽고 넘기면 다음 바람이 두텁게 와서 닿는다. 오래 마음을 묶고 생트집으로 끌고 가는 삶이란 더러 시끄럽고 요란하다. 집착은 번뇌의 기단석이라 억지로 세상일에 뒷머리 곤두세우지 말고 그저 연기로 뿜어내면 골이 시원한 끽연 같은, 한 편의 시를 읽어서 좋다.

그렇다고 무상의 샹카라가 생을 조정하도록 방치할 만큼 시인은 허술하지 않다. "만남이 곧 슬픔"(손비야 시, 「H의 즐거운 독백」)인 생의 본질을 바로 꿰뚫을 때 일상은 오히려 가볍고 성실하게 밀고 나가는 뒷배를 얻는다. 오늘은 공허해도 내일은 아무렇지도 않게 성실해지는 어리석음의 각성이야말로 우리가 하루씩 피식 웃으며 넘길 수 있는 단단한 동지. 얼토당토않게 시공 안으로 던져진 그 첫날을 지긋이 수긍하는 시인은 그야말로 무진장 수행력을 갖춘 진정한 건축가다. 그리하여 사슬에 엮여도 놀라지 않고 힘차게 생의 집을 짓는다.

허공의 새소리가 공허의 위협만은 아니다. 태양은 단순 미래로 마냥 오르는 섭리가 아니라, 살아 있는 우리가 굴렁쇠를 굴려 찾아가는 의지 미래의 만남이다. 구르는 굴렁쇠 위에는 처음과 끝이 없다. 삶이 명사처럼 결정체가 아니라 유동의 유기체임을 이렇게 소탈하게 말할 수 있음은 꼭 젊음의 배짱만은 아니다. 깨달음이 연륜에 매달린 결과가 아니듯, 삶에 대한 고요한 안목과 힘찬 다짐은 지난날 마음의 생채기를 글로 풀어야 하는 시인의 처절함에서 온다. 무상하여 충일한 삶을 살아야 한다는 시인의 작정은 진정 즐거운 독백이다.

시를 소리 내어 읽으면 혀가 말리지 않는다. 앞 받침의 닿소리가 다음 홀소리에 잘 엉겨서 낱말과 낱말이 오랜 벗처럼 어깨 나란히 잘 나아간다. 가다가 숨이 찰 즈음 슬쩍 쉼표 하나씩 놓아둔다. 한둘 낯설게 만난 낱말끼리의 소통이 가팔라도 마음은 가쁘지 않고, 스스로에게 내리는 단언이나 진술도 급하지 않고 진지하다. 가슴보다 머리에 치고 드는 질량이 버겁다 싶으면 가차 없이 행과 연을 바꾼다. 부정과 긍정, 부담과 인내, 슬픔과 성실, 번뇌와 탄회, 객관과 주관을 거침없이 뒤섞거나 교체하여 실재 삶의 거듭되는 모순을 마지막까지 점검하도록 시행(詩行)을 배치하는 시인의 기예가 노련하다.

  왜 'H' 골랐을까?
  집[Home, House]을 외연으로 끌어들일 심산이었을까?
  두 개의 'I' [自我] 가 서로 허리를 곁들고 선 문양이 마음에 들었을까?
  왜 '독백'이라고 했을까?
  독백이 아닌 방백으로 글을 쓰지는 않는지,
  줄(啐)보다 탁(啄)을 먼저 추산하는 의뭉쟁이가 아닌지,
  나는 늘 되뇌는데.

아니, 거꾸로다

먹고살 만하여 도시를 떠난 이곳의 일상이 차츰 손에 익는다. 아니, 거꾸로다. 애당초 내 몸에 익은 건 도시가 아니라 산과 나무와 흙이었다. 밥이 말[言]보다 앞서듯 내게 도시는 늘 흙의 뒷전이었다. 퇴직 후 세 번째 봄을 채비하는 텃밭을 아침 어스름에 걷는다. 여기저기 쑥쑥 매듭처럼 솟아오르고 툭툭 마디처럼 불거져 나오는 싹이며 눈이며, 봄의 땅에서 이들은 기회주의자들이다. 다시 햇볕과 바람의 틈새를 마구 긁어대는 가려움이다. 그 생채기에서 다시 풍경은 살아난다. "냉장고에 들어간 계절을 불러내/자투리 이랑마다 줄 세우고"(권용욱 시, 「ALTHOUGH」) 살겠다던 3년 전의 내 일탈은 변명이 되는가?

우선 엎질러 놓고 난 뒤 콩과 팥을 가려 담는 내 버릇의 엉성함이 조금씩 사개를 맞춘다. 무슨 갈피도 어름도 없이 30년 벌이를 뜨거운 돌멩인 양 후닥닥 내던지고, 나도 나를 모르고 나의 봄을 도시에서 빼내어 일면식도 없는 여기 산자락에 이식하였다. 두어 해 지나면 뼛골 쑤시게 돌이킬 거라고 친구들은 안주 삼았었다. 아니, 거꾸로다. 더 빨리 봄을 옮기지 않은 나의 뭉그적거림이 차라리 뼛골 쑤신다. 여기 흙은 물을 만나도 거기 시멘트처럼 굳지 않는다. 오히려 "전원이 일상이었던 한때의 추억"(함민복 시, 「여행에 대한 비관론」)을 야들야들 풀어놓는다. 도시의 녹음을 지우고 빈 테이프처럼 돌아온 나를 흙은 기특하여 내 발바닥을 토닥토닥 다져준다. 가리지 않아 한량없는 흙의 배짱에 슬쩍 끼어듦이 스스로 대견하다.

나보다 앞서가던 내가
이젠 술 취할 필요가 없고,
나보다 뒤처지던 나를
더는 깝치지 않아도 된다.
그러니
변명할 나조차 없다.

여행은 회귀를 전제한다. "무의식에 헤드 크리너가 돌아갈 것을 믿으며/떠나보는 녹색 여행"은 그래서 잠시 위무는 될지언정 결국 비관의 반복일 수밖에 없다. 삶이 곧 죽음이라면, 삶은 여행이 아니다. 여행이더라도 돌아오는 것이 아니라 돌아가는 것이다. 왕복이 아니라 편도의 삶에 여행이라는 말은 어불성설, 그럼에도 우리는 가끔 여행을 떠난다. 애써 회귀를 외면한 채 찐득하고 눅진한 머릿속이 청소될까 기차를 탄다. 왜 스스로 기만해야 하는가. 살면서도 왜 삶을 부정해야 하는가. 왜 삶은 종착의 안도가 아니라 불안의 간이역일까. 축복의 신(god)은 어디 가고, 개(dog) 같은 현실만 목을 조일까.

1851년 런던의 대박람회장 수정궁을 가득 메운 '상품'들은 그 후 오랫동안 지상에서 떵떵거렸고 우리의 삶을 길들였다. 간사한 인간들은 수십 만년 지기 '자연'을 배신했고, 중세의 신처럼 생존을 빌미로 자본을 숭배했다. 밥 먹고 똥 싸는 몸뚱이는 그대로인데 껍데기 상품만 무럭무럭 진화하였고, 그 낙수를 맞은 인간들의 덤불은 푸석푸석 잘도 자랐다. 애쓰지 않고 뿌리 근처 편리만 빨아들인 줄기는 그러나 바람에 쉬이 엎어지고, 옷자란 덩굴은 서로 뒤엉키고, 햇빛 가려진 그 아래 온갖 뭇 풀들은 누렇게 쪼그라들고, 수분 과다 흙들은 썩어 늪이 되었다. 결국 G·O·D는 뒤집혀서 D·O·G가 되어 인간의 목을 물고 당당하게 지구를 장악하였다. 왈~왈!

시를 읽는 건 나를 읽는 것, 차마 입 밖에 내지 못한 내 고백의 문서가 어느 날 문득 타인의 빛나는 글귀로 그 정체가 들통날 때가 있다. 종이 칸막이에 꽁꽁 수감되었던 난독의 내가 엉겁결에 밝혀지는 날, 아! 나는 독방이 아니었구나, 벽 너머 수많은 동지들이 똑같은 고백으로 벽을 갉고 있었구나,에 어깨가 으쓱하다. 드론으로 내려다보면, 이 무수한 칸막이들, 어떤 압력에도 이겨내는 육각의 허니콤(honeycomb)처럼, 옆으로 옆으로 번져가고 있을 텐데! 그렇다, 독백이 벌떼처럼 방백으로 윙윙거려 시나브로 자본의 트집이 퇴장하는 시대극을 연출할 때다. 그래서 역사 속으로 몽땅 없어질 것은 자연이 아니라 자본이다. 그것은 자본주의가 스스로 잉태한 약속을 분만하는 일이다.

누가 이 시대의 산파인가.

세상의 얼개를 파헤치고 찬찬히 새 둥지를 얽어매려는 '푸른' 시인은, 가난하지만 풍요롭다. 그의 문자는 망나니의 칼이 되어 자본의 세속을 내리치고, 그의 은유는 넌지시 그러나 뾰족하게 내미는 미래의 참서다. 그에게 눈독 들이면 덜컥 안심이 되고, 유대에 겨워 자신감을 얻는다. 시인보다 문자가 앞서가도 좋다. 여행지에서 숨어버린 시인이 돌아오지 않더라도 그의 통절한 문자는 시대의 이정표가 되어 "작동 버튼을 꺼도/돌아가는 선풍기 타이머처럼" 영원히 째깍거릴 것이다. 오리무중에도 우리는 그 소리를 좇아 길을 찾을 것이고, 가끔 자본의 좀비들이 달려들어도 우리는 그의 문자를 이마에 붙이고 유유히 개벽의 세상으로 걸어갈 것이다. 마침내 함민복의 비관은 흘러간 역사의 한 넋두리가 될 것이다.

이곳에 여행 온 지 이제 삼 년, 나는 돌아갈 생각이 없다. 돌아갈 표를 파는 창구가 없기도 하지만, 나는 돌아갈 곳을 마련하지 않는다. 지금 여기가 내 선험의 출발지였고 죽을 때까지 도착지다. 함께 살면서 티격태격 다투는 노년의 부부처럼, 이루어질 수 없는 자본주의와의 이혼 서류를 어설프게 작성하면서, 나는 버틴다. 아니, 거꾸로다. 내가 버티는 게 아니라 세상이 내 앞에서 어리둥절 쩔쩔맨다. 연금은 한 달의 사용가치로 순순히 물러나고, 노동은 노동의 우수리에 손사래를 친다. 똥보다 많은 먹거리 조공은 언감생심, 뛰지 않으니 오르막에도 숨이 남는다. 콩이면 두부라서 좋고, 팥이면 죽이라서 좋다. 혼자라서 동네는 더 넓고, 어두워서 별은 더 먼 하늘을 초대한다. 내가 여기서 나에게 충분하면 까짓 21세기 역사도 머리 조아리고 물러나겠지, 암 그럴 수 있지.

가끔 통화하자

 여보세요? 그래, 내다. 놀라기는. 그나저나 지금 통화해도 되나? 자다가 일어난 거 아니가? 곽재 친구가 전화 오면 또 누가 죽었나 싶어서 덜컥 하재? 아니다, 그저 안부 전화하는 거다. 제수씨는 발목 다쳤다더만 괜찮으시고? 그래? 그거 다행이구나. 우리 나이는 문지방 넘을 때도 조심해야지, 안 그러면 누가 안 밀어도 엎어지는 꼴이라니 원. 마음만 닳는 게 아니라 삭신이 다 녹스는 거 같다. 니 말대로 세상 소식에도 귀가 점점 멀어지고 그렇네. 우짜겠노. 산언저리 이리 사는 게 좀 쪽팔리기는 해도 한편 속 편해 좋구나.

 뭐 별일은 아니고, 니가 보내준 편지 보고 답장 쓰기는 귀찮고 해서, 한잔한 김에 전화하는 거다. 니 했던 말도 있고 해서 『김수영 전집』을 다시 읽고 있다. 오래 책꽂이에 꽂힌 자국이 미안터라마는, 행 아래 연필로 그은 밑줄이 남았기로 망정이지 안 그러면 내가 언제 이 책을 읽기나 했나 장담이 안 되더라. 지금도 잘 모르는 걸 그때는 뭘 알았던고 줄 긋고 옆에 토씨도 달고 제법 날밤샌 모양인데, 내가 그리 공감했던 거 많았던가 싶다. 니도 그렇더나? 그렇제? 그 양반은 와 그리 온몸으로 밀어붙이며 글을 쓰라고 했을꼬? 4·19의 길이 5·16에 엇길로 빠졌다고 삐진 걸까? 아무튼 난리통에 그 양반 살아온 행적이 참 안쓰럽기도 하다. 내 같아도 그런 살림에 그런 나라 형편이면 그리 빡세게 안 살았겠나.

　니 알고 있나? 그 양반 죽기 한 달쯤 전에, 그러니까 부산에서 「시여, 침을 뱉어라」 기고문을 주제로 강연하고 난 뒤 몇 사람 어울려 저녁답에 경주로 왔더라데. 불국사 인근에서 하룻밤 묵었는데, 마침 그날 낮에 청마 선생 시비가 제막되었고, 일행은 술 한 주전자 사 들고 시비를 찾았다고. 우리도 나중에 함 가보자. 그런데 말이야, 김수영 이 양반이 그날 청마 시비를 껴안고 통곡을 했다고 그러더군. 그래서 함께 간 사람들이 무척 놀랐다데. 그 뒤 경주 기행이 참 좋았다고 다시 가보자고, 여러 번 말했다는데, 어째 묘하지 않나? 청마도 그 전 해 부산에서 교통사고로 횡사했는데 말이야, 시비를 안고 통곡한 그 양반도 서울로 돌아가 한 달 뒤쯤 버스에 치었으니, 그거 참, 안 그런나? 두 시인의 삶과 죽음의 교감에 무서우리만치 서럽지 않은가? 지나고 보면 말이야 하루를 더 사나 한 해를 덜 사나 하루살이처럼 죽는 건 마찬가지지만.

그의 시와 산문을 묶은 민음사 전집도 깊이 읽히지만, 뒤에 황동규 시인이 편찬한 『김수영의 문학』, 이 책도 참 좋구나. 보고 싶다면 내가 부쳐주지. 김수영 시인을 소위 참여시 작가로만 바라보는 태도가 옳지 않다는 내용에 나도 동감이 많이 가더라. 한 사람의 작품 세계를 세인들은 특히 평론가들은 꼭 무슨 경향으로 분류해 놓아야 직성이 풀리나 본데, 잘은 모르지만 나는 반대다. 작품 나고 비평 나는 거 아니가? 이론에, 그것도 서양 이론에 안 찬다고 작품이 부실하다 입 대는 짓은 그야말로 험담일 뿐이야. 아무렴 시인이 시론 하나 세우려고 글을 쓰기야 하겠나? 그리고 또, 니도 기억나제? 고등학교 때, 사람이 어떻게 일관성 있게 살 수 있느냐고 국어 선생에게 따지다가 빰 맞았잖아? 기차 철길도 아니고 사람 사는 순간순간의 길이 어떻게 한가지 자기 주관대로 이어질 수 있나 이 말이지. 말이야 바른 말이지, '자기의지'라는 게 어딨노? 다 태어난 곳의 그때그때 세파 따라 만들어진 거지.

그도 그렇게 살았겠지. 그도 어떤 때는 엉터리 세상을 보고 소리치고 술 취하고 닥치는 대로 부수고 싶었겠지. 또 어떤 때는 절망으로 머리 찧는 자기 자신이 문득 낯설고 서먹하여 차라리 피식 웃으며 가볍게 살고도 싶었겠고. 그래서 어느 날은 천장과 벽에 붙어 그저 하루를 평생으로 살아가는 하루살이를 멍 바라보며 세상만사 인간사조차 잊어버리는 시인이 되어 "—나의 시각을 쉬게 하라—"(김수영 시, 「하루살이」) 스스로 위로하고 마냥 덧없는 황

홀에 젖기도 했겠지. 친구야, 진짜 우리 모습이 뭐꼬? 내가 오롯이 나인 순간 말이다. 그런 순간이 있더라도 그게 얼마나 가겠노? 이랬다저랬다 엎치락뒤치락 그리 사는 "반복(反覆)"이 어쩌면 맞는 말 아니가? 한 사람의 생애나, 누구의 문학이나, 또 세상만사 모든 일을 이쪽저쪽 갈래짓는 추태는 없어야 할 텐데.

니 말대로 요새 이 나라 정치도 가히 쑥시기판인데 이것도 알고 보면 다 니다 내다 가르다가 가관인 거 아니가? 안 그런나? 우리 민족이 아무래도 머리가 어중간하게 좋은 거 같애. 왜냐고? 이런 우리끼리 난리브루스 북새통에 나라가 망하고 생고생한 역사가 여러 번인데 그걸 아직도 뼛속에 못 새기고 그저 눈앞의 권세에 혈안이니, 이게 머리 좋은 사람들이 하는 짓이가? 반푼수 집안 망하는 꼴이지. 암튼 내 돈 내고 우리끼리 물고 뜯는 이 꼬락서니를 우째 잡도리해야 될 긴데, 우짜면 좋겠노? 니는 어찌 생각는지는 몰라도, 내 생각은 이게 다 '하루살이'를 단디 살피지 않아서 그런 거 같다. 하던 일 잠시 멈추고 미물들의 사는 모양새를 눈 깊이 살펴보면 우리는 "확실히 하루살이에게 졌다고 생각"할 텐데 말이다. 태어나 살다 죽는 그 사이에 낀 잠깐의 존재들, 뭐 이런 인식의 바탕이 우리 내면에 충분히 안 깔린 이유는 말이야 우리가 어릴 적부터 불빛에 마구 달려드는 하루살이의 무상한 춤을 눈여겨 안 본 탓이라면, 내 말이 좀 싱겁나? 뭐? 뭐든 우기라고 욱이라고? 허허.

통화가 너무 길었군. 이제 잠 오재? 창밖이 훤한 걸 보니 장맛비가 잠시 그치고 반달이 걸린 모양이다. 요즘 세상에 손글씨로 편지 보내는 니 심보가 기특해서 동네 사람들에게 자랑도 했다만은 왠지 니 편지 읽으니 나도 마음이 좀 무거워서 어거지 말이 많아졌구나. 그래, 니 말 맞다. 자배기 안의 구피들은 자배기 안에서 살 수밖에 없지. 다만 말이야 머리에서 난 길을 꼬리에서 닫아버려 자배기 안의 길은 늘 새길인 거 아니겠나. 우리도 그렇게 살 줄 믿고 이 시대의 신은 나자빠져 손 놓고 모르쉰갑다. 데우스 오티오수스라던가. 먹구름 속에서 지금도 천둥이 싸우고 있는데 이것도 지나고 나면 한철 장마철 아니겠나. 오래 씨불였더니 배가 고프네.

이제 그만하고 자자.
그래, 고맙다.
이래저래 소통이 안 되는 세상,
우리라도 가끔 통화하자.
달빛 그림자가 유리창에 휙휙 갈겨 쓰는 벌레들의 편지는
다음에 부쳐주마.
삐리릭!

사랑은 이렇게 왔다 간다

2024년 9월 23일 초판 1쇄 펴냄

지은이 _ 권용욱
펴낸이 _ 양문규
펴낸곳 _ 詩와에세이

신고번호 _ 제2017-000025호
주　　소 _ (30021)세종특별자치시 조치원읍 충현로 159, 상가동 107-1호
대표전화 _ (044)863-7652
팩시밀리 _ 0505-116-7653
휴대전화 _ 010-5355-7565
전자우편 _ sie2005@naver.com
공 급 처 _ 한국출판협동조합
주문전화 _ (02)716-5616
팩시밀리 _ (031)944-8234~6

ⓒ권용욱, 2024
ISBN 979-11-91914-65-8 (03810)

* 지은이와 협의하여 인지는 생략합니다.
* 이 책 내용의 전부 또는 일부를 재사용하려면 반드시 지은이와
  詩와에세이 양측의 동의를 받아야 합니다.
* 책값은 뒤표지에 표시되어 있습니다.